"ALTERNATIVAS" À PRISÃO

Dados Internacionais de Catalogação na Publicação (CIP)
(Câmara Brasileira do Livro, SP, Brasil)

Foucault, Michel
 "Alternativas" à prisão : Michel Foucault : um encontro com Jean-Paul Brodeur / Sylvain Lafleur ; tradução Maria Ferreira ; seguido de entrevistas com Tony Ferri e Anthony Amicelle. – Petrópolis, RJ : Vozes, 2022.

 Título original: "Alternatives" à la prision
 ISBN 978-65-5713-485-6

 1. Ciências sociais 2. Direitos e deveres 3. Prisão I. Ferri, Tony. II. Amicelle, Anthony. III. Título.

21-88743   CDD-300

Índices para catálogo sistemático:
1. Ciências sociais 300

Aline Graziele Benitez – Bibliotecária – CRB-1/3129

"ALTERNATIVAS" À PRISÃO

Michel Foucault
UM ENCONTRO COM
Jean-Paul Brodeur

Seguido de entrevistas com Tony Ferri e Anthony Amicelle

Obra dirigida por Sylvain Lafleur

Tradução de Maria Ferreira

EDITORA VOZES

Petrópolis

© Éditions divergences, 2020
© Université de Montréal
Publicado mediante especial acordo com as Agências Literárias Julie Finidore e
The Ella Sher.

Tradução realizada a partir do original em francês intitulado
"Alternatives" à la prision – Michel Foucault – Une entrevue avec Jean-Paul Brodeur

Direitos de publicação em língua portuguesa – Brasil:
2022, Editora Vozes Ltda.
Rua Frei Luís, 100
25689-900 Petrópolis, RJ
www.vozes.com.br
Brasil

Todos os direitos reservados. Nenhuma parte desta obra poderá ser reproduzida
ou transmitida por qualquer forma e/ou quaisquer meios (eletrônico ou
mecânico, incluindo fotocópia e gravação) ou arquivada em qualquer sistema
ou banco de dados sem permissão escrita da editora.

CONSELHO EDITORIAL
Diretor
Gilberto Gonçalves Garcia

Editores
Aline dos Santos Carneiro
Edrian Josué Pasini
Marilac Loraine Oleniki
Welder Lancieri Marchini

Conselheiros
Francisco Morás
Ludovico Garmus
Teobaldo Heidemann
Volney J. Berkenbrock

Secretário executivo
Leonardo A.R.T. dos Santos

Diagramação: Sheilandre Desenv. Gráfico
Revisão gráfica: Alessandra Karl
Capa: Renan Rivero

ISBN 978-65-5713-485-6 (Brasil)
ISBN 979-10-97088-31-6 (França)

Este livro foi composto e impresso pela Editora Vozes Ltda.

Sumário

Prefácio, 7
  Sylvain Lafleur

"Alternativas" à prisão – Disseminação ou redução do controle social, 13
  Michel Foucault – Um encontro com Jean-Paul Brodeur

Pensar nossa atualidade penal com Foucault, 53
  Sylvain Lafleur

"Casa sob vigilância", 71
  Entrevista com Tony Ferri

"O que é um ilegalismo?", 109
  Entrevista com Anthony Friendly

Prefácio

Michel Foucault veio a Montreal várias vezes. Nesta cidade tinha seus hábitos e amigos. Em 1976, fez uma conferência sobre as alternativas ao encarceramento dentro do contexto da *Semaine du prisonnier* a convite de Jean-Claude Bernheim, presidente do Office des droits des détenus [Instituto dos direitos dos detentos]. Esse evento ocorreu em colaboração com a École de criminologie da Universidade de Montreal então sob a direção de André Normandeau.

A conferência de Michel Foucault em Montreal foi publicada pela primeira vez em 1990 com o título: *Conférence de Michel Foucault sur les "mesures alternatives à l'emprisonnement" prononcée à l'Université de Montréal le 15 mars 1976*, na revista *Actes. Les cahiers d'action juridique* (n° 73) que apresentou, para a ocasião, um dossiê sobre as penas alternativas destacando, apoiado em estatísticas, que o número de pessoas sob controle judicial na França estava crescendo desde a Segunda Guerra mundial, bem como o número de detentos. Os colaboradores desse dossiê debatem sobre o avanço constituído pelas penas alternativas ao encarceramento, mas também, sobre seus prováveis fracassos. A versão da conferência de Michel Foucault em Montreal publicada pela revista *Actes* é provavelmente uma transcrição datilografada intitulada: *Conférence de Michel Foucault, Montréal, le 15 mars 1976* que se encontra nos arquivos do Institut Mémoires de l'édition contemporaine (cota D215) em Caen.

Em 1993, Jean-Paul Brodeur, professor na Escola de criminologia da Universidade de Montreal, descobre a gravação em fita da palestra de Foucault no Centre international de criminologie comparée (CICC). Esta será transcrita e publicada com o título: *"Alternatives" à la prison. Diffusion ou décroissance du contrôle social: une entrevue avec Michel Foucault* ["Alternativas" à prisão. Disseminação ou redução do controle social: um encontro com Michel Foucault] em um número temático de *Criminologie* (vol. 26, n° 1) buscando posicionar o pensamento de Foucault em relação à criminologia e à pós-modernidade – tema então em destaque em Montreal onde foram bem recebidos os escritos de Michel Freitag e de Jean-François Lyotard. Nesse número, Dany Lacombe, ecoando os propósitos céticos de Foucault quanto à humanização do mundo penal, menciona que se desenvolveu em criminologia "uma vasta documentação demonstrando de maneira engenhosa e cínica que qualquer tentativa de melhora do sistema, em particular do sistema penal, serve apenas à dispersão e à expansão de controle no corpo social"[1]. É essa a versão da conferência de Foucault em Montreal reproduzida neste livro.

Em 2009, *Theory, Culture and Society* (vol. 26, n.º 6) traduz para o inglês e publica a versão de Jean-Paul Brodeur com a contribuição de membros do CICC. O texto aparece com o título: *Alternatives to the Prison: Dissemination or Decline of Social Control?* É acompanhado de inúmeras contribuições entre as quais as de Paul Rabinow, Judith Revel, Mauricio Lazzarato, Brian Massumi que refletem sobre as maneiras de "pensar pós-Foucault". Massumi ali defende principalmente a ideia de que nossa época está atravessada por uma governamentalidade preventiva de caráter autopoiética[2] que ecoa aquela apresentada em *Sécurité, territoire, population*.

Apesar desses três eventos, a conferência de Foucault permanece desconhecida certamente em razão de sua ausência nos tomos dos *Ditos e escritos* e nas coletâ-

---

1 LACOMBE, D. Les liaisons dangereuses: Foucault et la criminologie. *Criminologie*, vol. 26, n. 1, 1993, p. 52.

2 MASSUMI, B. National Enterprise Emergency: Steps Toward an Ecology of Powers. *Theory, Culture & Society*, vol. 26, n. 6, 2009, p. 153-185.

neas de textos introdutórios. Para além dessas informações factuais, é importante destacar que a conferência de Montreal faz parte das intervenções públicas em que Foucault, abstendo-se de olhar mais longe no passado para nele encontrar elementos genealógicos marcantes, questiona-se sobre as formas emergentes de controle trazendo exemplos que lhe são contemporâneos. Ora, a leitura retrospectiva de *"Alternativas" à prisão*, longe de esgotar os questionamentos sobre nossa atualidade criminológica e penal, suscita inúmeras questões quanto à extensão de uma sociedade policial. Com efeito, durante essa palestra, Foucault questiona a ideia de que a imposição de sanções não carcerárias representaria uma ruptura com o encarceramento, e supõe que o recurso às medidas probatórias e à vigilância policial se intensificará com o tempo. Partindo dessa questão, considerei pertinente perguntar: Como caracterizar a lógica penal contemporânea levando-se em consideração as medidas probatórias? Em que ponto está o tratamento diferencial dos ilegalismos?

A fim de responder essas questões, convidei Tony Ferri, especialista em colocação sob vigilância eletrônica e conselheiro penitenciário de inserção e de liberdade condicional no Ministério da Justiça francês para discutir os efeitos do uso da tornozeleira eletrônica e da lógica subjacente à imposição de condições judiciais. Convidei também Anthony Amicelle, especialista da gestão de crimes econômicos, para qualificar nossa situação punitiva por meio de uma discussão sobre os mecanismos de controle das transações financeiras duvidosas.

Essas entrevistas foram feitas com o objetivo de iniciar uma reflexão sobre nosso universo penal, que parece marcado tanto por um progressismo penal como pela crescente imposição de condições restritivas extramuros, mas também pelo desenvolvimento de técnicas de vigilância.

Agradeço calorosamente aos colaboradores desta obra que aceitaram responder às minhas perguntas. Agradeço também a Marie-Chantal Plante, da revista *Criminologie*, e a Alexandre Chabot, da Universidade de Montreal, por gentilmente me autorizar a publicar a transcrição de Jean-Paul Brodeur.

Sylvain Lafleur
Montreal, setembro de 2020

"Alternativas" à prisão
Disseminação ou redução do controle social

Michel Foucault
Um encontro com Jean-Paul Brodeur[3]

Nem é preciso dizer como estou contente de estar aqui; e também não preciso dizer como estou embaraçado – fiquei embaraçado – quando me contaram que deveria falar das alternativas à prisão e que falasse no contexto de uma semana consagrada à falência da prisão.

Fiquei embaraçado por duas razões: primeiro por causa desse problema da alternativa, e então por causa desse problema da falência.

---

3 BRODEUR, J.-P. (transcrição). "Alternatives" à la prison: diffusion ou décroissance du contrôle social – Une entrevue avec Michel Foucault. *Criminologie*, vol. 26, n. 1, 1993, p. 13-34.

Alternativa à prisão; quando me falam sobre isso, tenho imediatamente uma reação infantil. Minha impressão é a de uma criança de sete anos a quem se diz: "Veja, como vai ser punido, o que você prefere, ser chicoteado ou ficar sem sobremesa?"

Parece-me que a questão da alternativa à prisão é tipicamente desse gênero. Questão falsa, ou de todo modo questão parcial, uma vez que se trata, em suma, de dizer às pessoas: "Vejam. É o seguinte: admitindo-se que o regime atual da penalidade, admitindo-se que vocês serão punidos por tal pessoa ou por tal coisa, como acham que esse sistema de penalidade deve ser posto em prática? Essa prática será melhor com a prisão ou com outro tipo de punição?"

De tal forma que acredito que a questão da alternativa à prisão deve ser respondida por um primeiro escrúpulo, por uma primeira dúvida ou por uma primeira gargalhada, como preferirem; e se não quisermos ser punidos por eles, ou por essas razões, e se simplesmente não quisermos ser punidos? E se, afinal, não fôssemos capazes de saber realmente o que significa punir?

Essa coisa que é a punição e que durante séculos, talvez milênios, pareceu quase evidente à civilização ocidental, será que essa noção mesma de punição lhes parece agora tão evidente assim? O que significa ser punido? É realmente preciso ser punido?

É a primeira razão pela qual eu estava um pouco embaraçado quando me disseram que deveria falar das alternativas à prisão. E também estava embaraçado com a ideia de que deveria falar no contexto de uma semana consagrada à falência da prisão, porque, e talvez isso lhes pareça um pouco paradoxal, não tenho absolutamente a impressão de que a prisão faliu. Tenho a impressão de que ela foi perfeitamente exitosa.

Então gostaria antes de falar um pouco desse problema da alternativa – de uma alternativa à prisão. Gostaria de começar tomando como referência um exemplo ou uma série de exemplos, que podem ser vistos hoje como tentativas de encontrar uma alternativa à prisão, se quiserem.

Primeiramente, o exemplo sueco: em 1965, a Suécia aprovou uma nova legislação penal e a primeira sanção dessa legislação, o primeiro efeito, foi a criação, ou pelo menos um programa de criação, de sete grandes estabelecimentos penitenciários, sete grandes estabelecimentos completamente aperfeiçoados, com toda a meticulosidade necessária e também com toda a indulgência que tinham aprendido. Desses sete estabelecimentos, determinado número foi criado a partir do zero: o primeiro, o mais importante, era o de Kemela, uma espécie de grande edifício penal, realização em estado puro do panóptico de Bentham, de certa forma o sonho encantado da penalidade clássica.

A prisão de Kemela abriu, creio eu, em 67 ou 68. Em 1971 aconteceu nessa prisão maravilhosa o que acontece em todas as prisões, isto é, em primeiro lugar, uma grande fuga coletiva e, em segundo lugar, as pessoas que assim escaparam recomeçaram imediatamente sua vida de delinquente.

Se admitirmos que a prisão serve para duas coisas: primeiro, para garantir de forma segura e contínua a detenção dos indivíduos, vocês podem perceber que a fuga de Kemela provava claramente que o aparelho não era perfeito. Segundo, o fato de terem reincidido, tão logo escaparam desse modelo maravilhoso de prisão, provava claramente que a função corretiva da prisão, o objetivo de correção proposto pela detenção, também falhou.

Então o que significa uma prisão tão perfeita, se não há segurança nem correção?

Os suecos logo perceberam isso, ou suspeitaram, como quiserem, e, em 1973, tentaram então definir um programa alternativo a essas prisões, a essas prisões clássicas.

Programa alternativo que consistia em quê? Em estabelecimentos, em um sentido muito diferente da prisão: pequenos estabelecimentos de 40 a 60 pessoas no máximo, nos quais os indivíduos eram sim obrigados a trabalhar, mas um trabalho que não era de forma alguma do tipo de trabalho penal, ou seja, vocês sabem, esse trabalho idiota, estúpido, desinteressante, embrutecedor, humilhante, não pago etc. Não, era trabalho verdadeiro, real, útil, pago segundo as normas do trabalho exterior, trabalho para as pessoas que pretendem se inserir na realidade econômica do país.

Eram estabelecimentos que também procuravam criar o máximo de contato entre os indivíduos e o mundo exterior – essencialmente contatos com a família, com o círculo habitual – em vez de buscar, como nas prisões tradicionais, rompê-los. Nesses estabelecimentos, está previsto um determinado número de quartos, uma espécie de pequeno hotel, de pensão de família para o círculo de relações dos detentos; as famílias, talvez as amantes, viriam vê-los, com quartos simples, aliás, para que os detentos possam fazer amor com a mulher ou com a amante.

Nessas prisões, também, não apenas a gestão, se quiserem, puramente financeira, digo não apenas, a intendência da prisão, mas o programa, o próprio programa penitenciário é discutido entre a administração, de um lado, e depois os conselhos de prisioneiros que participam da elaboração do regime penal, geral e comum a todos os prisioneiros e, eventualmente, individual, que é preciso aplicar a cada um deles.

Por fim, nessas prisões de novo modelo, ou melhor, nesses estabelecimentos alternativos à prisão, multiplicam-se as permissões de saída, e não mais apenas como recompensa por bom comportamento, mas como meio de reinserção.

Apresentei esse exemplo. Poderia ter citado o exemplo alemão, isto é, estabelecimentos que foram desenvolvidos a partir de 1970, estabelecimentos gerais de detenção de tipo clássico, e em torno dos quais procuraram estabelecer instituições de tipo não exatamente carcerário, estabelecimentos de transição e de formação profissional, centros sociais e terapêuticos como o de Buren, por exemplo, com planos de execução penitenciários individualizados para cada detento, fazendas, estabelecimentos – alojamentos rurais para os jovens delinquentes.

Também poderia ter citado o programa que é o desse grupo dito anticriminologia de Versel, de Vanest, de Ringelheim na Bélgica, que propõe igualmente instituições desse tipo, em especial estabelecimentos que funcionam com uma participação direta do público, do público que deve não apenas zelar pela administração geral da casa, mas também se responsabilizar por uma espécie de julgamento permanente, de consulta permanente sobre os progressos dos detentos e a possibilidade de terem um trabalho, de serem admitidos em semiliberdade, de serem admitidos em liberdade definitiva etc.

Em todos esses estabelecimentos que se apresentam como alternativos à antiga prisão, do que se trata, afinal? Então! Parece-me que na verdade esses estabelecimentos, muito mais do que alternativas à prisão, são tentativas para assumir por mecanismos, por estabelecimentos, por instituições diferentes da prisão..., mas assumir o quê?

No fundo, basicamente, funções que eram até então funções da própria prisão. Essencialmente, podemos dizer as coisas da seguinte maneira: em todas essas novas práticas, a operação penal que se busca é uma operação que está centrada no trabalho; ou seja, que conserva, que tenta simplesmente aperfeiçoar a velha ideia, tão velha quanto o século XIX ou o século XVIII, que tenta conservar essa ideia de que é o trabalho que tem em si mesmo uma função essencial na transformação do prisioneiro e na realização da paz.

O trabalho é que poderia prevenir da maneira mais segura as infrações. O trabalho é que seria capaz de, mais do que qualquer outra coisa, realmente punir. O trabalho é que constituiria a verdadeira retribuição social do crime. O trabalho é que teria uma maior capacidade, mais do que qualquer outra coisa, de corrigir o infrator. Em outras palavras, o trabalho é a réplica essencial, fundamental, à infração.

Essa é uma ideia ao mesmo tempo clássica e relativamente nova. Relativamente nova na medida em que foi no século XVIII, no final do século XVIII, que se teve a curiosa ideia de dizer que uma infração deveria ser respondida com algo diferente de, por exemplo, a morte ou o suplício, ou a multa ou o exílio. Que era preciso responder à infração com um determinado trabalho obrigatório e constrangedor, aplicado ao indivíduo. Ideia nova naquela época, mas ideia que a partir daquele momento tornou-se perfeitamente clássica, que aliás fracassou enormemente todas as vezes que se quis aplicá-la. Mas toda prisão, toda organização, todo funcionamento da prisão desde o início do século XIX sempre esteve centrado em torno desse problema do trabalho, em torno dessa ideia, em todo caso, de que o trabalho é a réplica essencial e maior à infração. Como veem essa ideia, vocês encontrarão exatamente essa mesma ideia nos estabelecimentos alternativos à prisão; sim, empregam-se outros meios; não se trata exatamente do mesmo trabalho, ele não está inserido exatamente da mesma maneira na realidade econômica da sociedade, mas é, afinal, sempre o trabalho como réplica maior à infração que vocês encontrarão nos estabelecimentos alternativos à prisão e na antiga prisão.

Em segundo lugar, também creio que vemos funcionar nesses estabelecimentos alternativos à prisão o princípio que chamarei o princípio de refamiliarização, ou seja, que vocês ainda encontram em prática segundo outros meios, mas ainda em prática, a ideia de que a família é o instrumento essencial da prevenção e da correção da criminalidade. No século XIX, essa ideia já existia; diríamos agora que empregavam meios bem curiosos para refamiliarizar o detento, uma vez que, essencialmente, davam aos capelães, ou então aos visitantes de prisões, ou mesmo aos filantropos, com seus sermões, com suas exortações, com seus bons exemplos etc., o encargo de garantir essa refamiliarização. Refamiliarização, portanto, abstrata, fictícia etc., mesmo assim era ela um dos fios condutores do trabalho penal assim como se via funcionar, assim como se fazia com que funcionasse no século XIX. Aliás, isso é tão verdadeiro que quando começaram a estabelecer casas de detenção para os jovens, como em Méprès, por exemplo, na França, em 1840, o princípio de refamiliarização foi aplicado com maior rigor do que nas outras prisões. Tentaram constituir espécies de famílias mais ou menos artificiais em torno das crianças. Em seguida, isso foi substituído pelo acolhimento familiar. De todo modo, ao longo do século XIX, a família sempre foi considerada como um dos agentes fundamentais da legalidade, da vida legal ou do retorno à vida legal.

Mas essa ideia de que a família deve ser um agente de legalidade, essa ideia, vocês podem encontrá-la tal qual, praticada simplesmente de outras formas, nos estabelecimentos alternativos à prisão.

Por fim, nos estabelecimentos contemporâneos, procuram fazer com que os próprios detentos, os conselhos de detentos etc., participem da elaboração do programa penal. Creio que, no fundo, o que se faz é procurar com que o indivíduo punido participe dos próprios mecanismos de sua punição. O ideal seria que o próprio indivíduo punido – seja individualmente, seja coletivamente – aceite, sob a forma do conselho, o procedimento de castigo que lhe é aplicado.

E se lhe dão uma parte de decisão nessa definição da pena, nessa administração da pena que ele deve sofrer, se lhe dão alguma parte de decisão, é precisamente para que a aceite, é precisamente para que ele próprio a faça funcionar. É preciso que se torne o gestor de sua própria punição.

Ora, este também é um velho princípio, o princípio da correção, da forma como os penalistas do século XIX tentaram fazê-lo funcionar. Para eles, um indivíduo começava a se corrigir quando era capaz de aceitar sua própria punição, quando era capaz de se responsabilizar por sua própria culpa.

A prática dessa ideia nessa época, sobretudo lá pelos anos 1840-1850, era buscada mais do lado do isolamento do detento, da vida na cela que deveria levá-lo ao recolhimento e à reflexão. Agora, não é mais do lado da cela, mas do lado do conselho de decisão que se busca e que se busca sempre o mesmo objetivo, ou seja, a autopunição como princípio da correção.

A autopunição como princípio da correção, a família como agente da correção, e como agente da legalidade, o trabalho como instrumento essencial da penalidade: esses três importantes mecanismos que caracterizaram o funcionamento da prisão ao longo do século XIX, vocês podem vê-los funcionando agora, ainda e mais do que nunca nos estabelecimentos ditos alternativos à prisão. De todo modo, são as velhas funções carcerárias que agora se tenta fazer funcionar a partir de estabelecimentos que não se assemelham exatamente à prisão.

Em certo sentido, podemos dizer que o questionamento da prisão, sua demolição parcial, a abertura de determinadas partes de muro na prisão, podemos dizer que tudo isso libera até certo ponto o delinquente do enclausuramento estrito, completo, exaustivo ao qual estava destinado nas prisões do século XIX.

Liberam até certo ponto o delinquente, mas diria que ao mesmo tempo não liberam somente ele; liberam talvez alguma coisa a mais do que ele, liberam algumas funções carcerárias. As funções carcerárias de ressocialização pelo trabalho, pela família e pela autoculpabilização, agora essa ressocialização está, no fundo, não mais localizada apenas no local fechado da prisão, mas, com esses estabelecimentos relativamente abertos, tenta-se espalhar, disseminar essas velhas funções em todo o corpo social.

Poderíamos dizer que esses estabelecimentos, cuja definição é buscada na Suécia, na Alemanha, na Bélgica, na Holanda, são de um tipo novo. Mas esses estabelecimentos talvez não sejam as verdadeiras alternativas, em todo caso as únicas alternativas à prisão que foram concebidas.

Há outras, com efeito, na medida em que – e isso é cada vez mais verdadeiro – se busca uma forma de penalidade que não passaria pela colocação dos indivíduos em instituições; que não os colocaria, portanto, não exatamente, nem na instituição de detenção clássica, nem em uma casa de detenção digamos moderna, aperfeiçoada, alternativa à prisão.

Então! Existem mil exemplos dessa punição, desse sistema punitivo, que não passariam pelos estabelecimentos de detenção, mais ou menos abertos, ou mais ou menos fechados... Isso começou relativamente cedo como se quisessem, a generalização da prática dos sursis, sursis simples ou sursis com liberdade condicional. Muito recentemente, nestes últimos anos, ocorreu a supressão das penas de curta duração, essas supressões que vocês podem ver em países como a Polônia, onde, creio eu, foram suprimidas todas as penas inferiores a três meses. Vocês encontrarão na Alemanha a supressão das punições inferiores a um mês; também encontrarão o projeto, e até certo ponto, na Holanda, da aplicação de um sistema de punição em que o regime das multas seria a um só tempo ampliado, mas também flexibilizado e tornado mais suportável, menos injusto particularmente quanto às diferenças de estatuto econômico. Há também tentativas de buscar uma alternativa à prisão na supressão de certo número de direitos, como por exemplo o direito de conduzir, na supressão da carteira de motorista, na possibilidade de se deslocar etc. Alternativa à prisão, também, pela imposição de certo trabalho, mas que seria feito em meio aberto, e que não suporia de forma alguma o enclausuramento, mesmo parcial, de um indivíduo.

Pois bem, tudo isso indica que, na verdade, se busca punir o indivíduo de outra forma que por essa espécie de controle do corpo que ocorre em uma casa de detenção; quer se trate de uma casa clássica ou que se trate de uma casa aperfeiçoada, ou de uma casa alternativa à prisão.

Mas creio que, de todo modo, mesmo nessas formas mais realmente alternativas à prisão sobre as quais acabo de falar, devo fazer com que percebam certo número de coisas. Primeiro que, é claro, elas ainda são, e provavelmente não podem ser, de uma extensão relativamente limitada; que observem também que muitas delas como, por exemplo, o sursis, ou a detenção parcial de meio período, é essencialmente uma maneira de retardar a prisão, de adiar o momento em que o sujeito vai para ela, ou é de alguma forma uma maneira de diluir o tempo de prisão ao longo de toda uma fase de existência, e que afinal não se trata de um outro sistema que não passaria pela detenção. E depois, e este é o ponto essencial, creio que no fundo esses novos métodos pelos quais se tenta punir indivíduos sem colocá-los nas prisões, essas novas maneiras são também um jeito de relançar, de garantir de alguma forma, as mesmas velhas funções carcerárias de que lhes falei há pouco.

Impor uma dívida a um indivíduo, retirar-lhe certo número de liberdades, como a de se deslocar, continua sendo uma maneira de fixá-lo, de imobilizá-lo, de torná-lo dependente, de prendê-lo a uma obrigação de trabalho, a uma obrigação de produção, ou a uma obrigação de vida familiar. São sobretudo, afinal, outras tantas maneiras de disseminar para fora da prisão funções de vigilância, que vão agora ser exercidas não mais apenas sobre o indivíduo enclausurado em sua cela ou enclausurado em sua prisão, mas que vão se espalhar sobre o indivíduo em sua vida aparentemente livre. Um indivíduo em liberdade condicional é, claramente, um indivíduo vigiado na sua plenitude ou na continuidade de sua vida cotidiana, em todo caso em suas relações constantes com a família, com a profissão, com as frequentações. É um controle que vai ser exercido sobre seu salário, sobre a maneira como usa esse salário, como administra seu orçamento; e também vigilância sobre seu habitat. É isso.

As formas de poder que eram próprias à prisão, todo esse sistema alternativo à velha detenção, todas essas formas alternativas têm como função, no fundo, disseminar essas formas de poder, disseminá-las como uma forma de tecido canceroso, para além dos próprios muros da prisão.

É um verdadeiro superpoder penal, ou um superpoder carcerário, que está se desenvolvendo, na mesma medida em que a instituição-prisão está diminuindo. O castelo cai, mas o que se busca é que as funções sociais, as funções de vigilância, as funções de controle, as funções de ressocialização que deveriam ser garantidas pela instituição-prisão, sejam agora asseguradas por outros mecanismos.

Então, claro, não se pode dizer de imediato: é bem pior, estamos preparando, com essas pretensas alternativas à prisão, algo que será bem pior do que prisão.

Com certeza não é pior, mas creio que é sempre preciso ter em mente que não há nada ali que seja verdadeiramente alternativo em relação a um sistema de encarceramento. Trata-se muito mais da multiplicação das velhas funções carcerárias, que a prisão tentara assegurar de uma maneira brutal e grosseira e que agora se tenta manter funcionando de uma maneira mais maleável, mais livre, como também mais extensa. Trata-se sempre de variações sobre o mesmo tema, de variações sobre a mesma melodia; sobre a mesma cançoneta, que é a penalidade de detenção: alguém cometeu uma ilegalidade, alguém cometeu uma infração, ora, vamos nos apoderar do seu corpo, assumi-lo quase totalmente, colocá-lo sob vigilância constante, trabalhar esse corpo, impor-lhe esquemas de comportamento, mantê-lo perpetuamente por meio de instâncias de controle, de julgamento, de retorno, de apreciação. Tudo isso é ou não é o velho fundo dos procedimentos punitivos do século XIX, que agora vocês veem garantido sob uma nova forma, formas que não são alternativas à prisão, mas das quais direi que são iterativas em relação à prisão. São formas de repetição da prisão, formas de disseminação da prisão, e não formas que deveriam substitui-la.

E então, agora, gostaria de colocar o problema: de todo modo a instituição da prisão está, hoje, passando, não diria em todas as partes, mas em uma parte muito ampla, por certo número de críticas, de questionamentos, que provavelmente devem se disseminar cada vez mais.

A questão que gostaria de colocar agora é esta: das duas coisas, qual delas devemos dizer? Talvez esta em primeiro lugar: a prisão aparentemente está desaparecendo, mas uma vez que o essencial das funções que ela deveria garantir está agora sob a responsabilidade de novos mecanismos, no fundo isso não mudaria nada. Seria melhor dizer o seguinte: Ah! Como a prisão desapareceu, as funções carcerárias, que agora se disseminam para fora dos muros, essas funções carcerárias não vão ainda assim, pouco a pouco, começar a regredir, uma vez que estão privadas de seu ponto de apoio; será que não vão desaparecer? Em outras palavras, será que o órgão não começa por desaparecer, e depois finalmente a função também desaparecerá?

Que sentido político deve-se dar ao fato de atualmente a prisão ser efetivamente questionada, não apenas, digamos, nos meios ditos de oposição, mas também nos conselhos dos diferentes governos, nas decisões tomadas pelos diferentes Estados?

Esse início de busca de uma alternativa à prisão, será que é o desaparecimento tanto da prisão, dentro em breve, quanto das funções da prisão, mais adiante? Ou será que é exatamente a continuação dos mesmos mecanismos penais essenciais?

É esta questão que gostaria agora de abordar; e creio que, para abordá-la, é preciso antes responder a uma primeira pergunta: no fundo, a prisão sob forma consistente, a prisão compacta, a prisão com seus muros, a prisão com suas celas, a prisão com seu regime disciplinar etc., para que serviria essa instituição? Em que ela seria útil? O que se passava no fundo? O que se passou para que a prisão, inventada como meio penal no final do século XVIII, tenha subsistido durante 200 anos, e ainda subsista apesar das incontáveis críticas que se pôde fazer; e que se pôde fazer não simplesmente nestes últimos anos, mas desde seu próprio nascimento, uma vez que, de certa forma, mal tinham se passado vinte anos da institucionalização das prisões como importante meio de punição, mal tinham sido inscritas nos códigos penais europeus que já se fazia uma crítica radical, que era mais ou menos essa que encontramos agora formulada? Para que então serviria a prisão?

Creio que é preciso responder a essa questão, se quisermos ver o que pode significar, hoje, esse movimento de busca de uma medida alternativa à prisão.

Gostaria de começar formulando uma espécie de hipótese-paradoxo, porque, ao contrário da hipótese verdadeiramente científica, não tenho certeza de que ela possa ser verificada com argumentos perfeitamente "completos". Penso que é uma hipótese de trabalho, que é uma hipótese política, se preferirem, que é um jogo estratégico que realmente deveríamos ver até onde ela pode nos conduzir.

Apresento a hipótese e a questão: será que uma política penal – ou seja, de uma maneira geral, a definição de certo número de delitos e de infrações, as regras de processo pelas quais se entende reagir a essas infrações, e as punições que são previstas para elas – em suma, será que uma política penal nas diferentes sociedades tem efetivamente como função, como ela o pretende, como dizem, suprimir as infrações?

Será que, no fundo, uma política penal, um código das regras de processo, dos mecanismos de punição, será que todo esse aparelho judicial, aparentemente destinado a reprimir as infrações, não está na realidade destinado a organizar os ilegalismos? A diferenciá-los, a estabelecer entre eles uma espécie de hierarquia, de modo a tolerar alguns deles, a punir outros, a punir alguns de determinada maneira, a punir outros de maneira diferente?

Será que a maquinaria penal não tem como função não a extinção dos ilegalismos, e sim, ao contrário, o seu controle, a sua manutenção em certo estado de equilíbrio, que seria economicamente útil e politicamente fecundo? Em uma palavra, será que a política penal não deve ser compreendida como uma maneira de gerar os ilegalismos?

Ou ainda: a penalidade, será que ela é realmente uma guerra conduzida contra as infrações? Ou simplesmente uma economia concertada das infrações?

Que o sistema penal não seja verdadeiramente, apesar das ordens que ele cria, um aparelho de repressão dos delitos, mas um mecanismo de gestão, de intensificação diferencial, de disseminação dos ilegalismos, de controle e de distribuição desses diferentes ilegalismos, creio que poderíamos encontrar essa prova, muito simplesmente, no próprio funcionamento da prisão.

As instituições carcerárias foram estudadas com frequência, foram bem descritas as adaptações arquiteturais, os regulamentos meticulosos das prisões etc. Tudo isso foi definido. Também muito se chorou sobre a miséria física e moral daqueles que estão nas prisões.

Foi feito, e foi bom tê-lo feito, é claro. Apenas, creio que seria preciso estudar – e não estou certo de que isso foi feito de forma sistemática, ou de uma maneira muito convincente – seria preciso, como disse, estudar também a quantidade e todas as formas de ilegalismos que a prisão suscita. E mais, seria preciso estudar todos os ilegalismos que são necessários ao funcionamento da prisão. A prisão, no fundo, é um ninho permanente de intensos ilegalismos.

Entre todas as instituições que produzem ilegalismos, que produzem infrações, a prisão é com certeza a mais eficaz e a mais fecunda. Teríamos mil provas da prisão como ninho de ilegalismos. Primeiro, é claro, aquelas que são conhecidas, ou seja, que da prisão sempre se sai mais delinquente do que se era. A prisão destina aqueles que ela recrutou a um ilegalismo que, em geral, os seguirá por toda a vida: pelos efeitos de desinserção social, pela existência, ali onde isso existe de fato, do antecedente criminal, pela formação de grupos de delinquentes etc.

Tudo isso já conhecemos. Mas creio que também é preciso destacar que o funcionamento interno da prisão só é possível com todo um jogo, ao mesmo tempo múltiplo e complexo, de ilegalismos. É preciso lembrar que os regulamentos internos das prisões são ainda absolutamente contrários às leis fundamentais que garantem, no resto da sociedade, os direitos humanos. O espaço da prisão é uma formidável exceção do direito e à lei. A prisão é um lugar de violência física e sexual exercida pelos detentos, pelos próprios detentos e pelos carcereiros. É um lugar de carências alimentares e é um lugar de frustrações sexuais constrangedoras. Ela é também, como bem sabemos, um lugar de tráfico incessante, e certamente ilegal, entre os detentos, mas também entre os detentos e os carcereiros, entre os carcereiros e o mundo exterior; tráficos que são, aliás, absolutamente indispensáveis à sobrevivência dos detentos que, sem eles, não conseguiriam viver ali, sobreviver, às vezes mesmo fisicamente no sentido estrito do termo. Indispensáveis também à sobrevivência dos carcereiros que não suportariam sua situação e seu tratamento se não tivessem esse complemento constituído pelo tráfico ilegal permanente, que passa pelos muros da prisão. A prisão é também um lugar em que a administração pratica diariamente o ilegalismo. E ela o pratica diariamente até mesmo para cobrir aos olhos da justiça e da administração superior, de um lado, e aos da opinião em geral, do outro, todos os ilegalismos que ocorrem no próprio interior da prisão.

Bem, ainda poderíamos acrescentar que a prisão é um lugar do qual a polícia se serve para recrutar seu próprio pessoal, seus informantes, seus capangas, eventualmente seus matadores e seus chantagistas. Em resumo, toda vez que a polícia precisa de um serviço sujo, onde mais ela encontraria aqueles que serão mais capazes de fazê-lo? Nas prisões, é claro.

Os ilegalismos que se multiplicam em torno da prisão são, certamente, mais numerosos do que em qualquer outra instituição. Tudo isso é conhecido, peço desculpas de voltar a esses truísmos, mas creio que é lamentável que os sociólogos, que se interessam tanto pelo funcionamento das instituições, não tenham de algum modo tentado fazer o diagrama de toda a rede de ilegalismos que alimenta a vida de uma prisão, que permite efetivamente que ela funcione – os ilegalismos que passam pela prisão, mas que também permitem que ela funcione.

Creio que não foram feitos estudos sistemáticos, apenas descrições. Para aqueles que talvez não o conheçam, cito este livro americano de Bruce Jackson, cujo título em inglês é *In the Life*, e que acaba de ser traduzido em francês com o título de *En prison*[4] creio eu, e que apresenta entrevistas de detentos, de detentos do Texas em geral, e que conta em detalhes como é a vida na prisão. E em particular, há sobre o papel da sexualidade, sobre o papel das infrações sexuais, ilegalismos ou violências sexuais, páginas que são absolutamente vertiginosas, e que mostram como tudo na prisão só pode funcionar na medida em que tudo é ilegal.

---

4 JACKSON, B. *Leurs prisons*. Paris: Plon/France loisirs, 1975 [prefácio de Michel Foucault].

Não sei se os criminologistas podem estabelecer algo que seria, de algum modo, a taxa específica de ilegalismo própria a cada instituição. Para mim, creio que poderíamos tentar fazê-lo, e ver por exemplo qual é a taxa de ilegalismo necessária para que uma escola funcione, para que um banco funcione, para que a administração tributária funcione.

Cada instituição tem sua taxa de ilegalismos necessária e suficiente para existir. Mas estou certo de que a taxa de ilegalismo necessária para que a prisão funcione e exista, essa taxa de ilegalismo é certamente a mais elevada no quadro ideal dos ilegalismos funcionais.

A prisão é o ilegalismo institucionalizado. Portanto, nunca devemos esquecer que no coração do aparelho de justiça que o Ocidente criou com o pretexto de reprimir as ilegalidades, nunca devemos esquecer que no coração desse aparelho de justiça, destinado a fazer com que a lei seja respeitada, há uma maquinaria que funciona na base do ilegalismo permanente. A prisão é o quarto escuro da legalidade. É a *câmera obscura* da legalidade.

Como é possível que uma sociedade como a nossa, que criou um aparelho ao mesmo tempo tão solene e tão aperfeiçoado para fazer com que a lei seja respeitada, como é possível que ela tenha colocado no centro desse aparelho um pequeno mecanismo que só funciona na base da ilegalidade e que fabrica só infração, só ilegalidades, só ilegalismo?

Creio que de fato existem muitas razões para que as coisas se passem assim. Mas creio que talvez haja uma mais importante. Aqui está: não devemos esquecer que antes da prisão existir, isto é, antes de se ter escolhido essa estranha pequena maquinaria para fazer com que a lei seja respeitada por meio do ilegalismo, antes então dessa pequena maquinaria ter sido inventada, no final do século XVIII, sob o Antigo Regime, os elos do sistema penal eram, no fundo, elos largos. O ilegalismo era uma espécie de função constante e geral na sociedade. Tanto pela impotência do poder, como também porque, no fundo, o ilegalismo era indispensável a uma sociedade que estava economicamente se transformando. Entre o século XVI e o final do século XVIII, as grandes transformações constitutivas do capitalismo passaram em grande medida pelos canais da ilegalidade, em relação às instituições do regime e da sociedade. O contrabando, a pirataria marítima, todo um jogo de evasões fiscais, assim como todo um jogo de exações fiscais foram vias pelas quais o capitalismo pôde se desenvolver. Nessa medida, podemos dizer que a tolerância, a tolerância coletiva de toda a sociedade para com seus próprios ilegalismos, era uma das condições não apenas de sobrevivência dessa sociedade, mas de seu desenvolvimento. Além do mais, as próprias classes sociais eram rivais, mas muitas vezes também cúmplices, em torno desses ilegalismos. O contrabando, por exemplo, que permitia que toda uma camada das classes populares vivesse, esse contrabando servia não apenas às classes populares, mas também à burguesia; e a burguesia nunca fez nada no século XVIII, nem no século XVII, para reprimir o contrabando popular do sal, do tabaco etc. O ilegalismo era um dos caminhos, ao mesmo tempo da vida política e do desenvolvimento econômico. Ora, quando a burguesia chegou, não exatamente ao poder no século XIX – ela o tinha há muito tempo –, mas quando conseguiu organizar seu próprio poder, criar uma técnica de poder que era homogênea e coerente com a sociedade industrial, é evidente que essa tolerância geral ao ilegalismo, essa tolerância geral não podia mais ser aceita.

Claro, a própria burguesia continuou, como toda sociedade, funcionando na base da ilegalidade. Ela organizou para si toda uma série de ilegalismos que lhe são proveitosos e que dizem respeito aos impostos, aos direitos das empresas etc., ou seja, todos os grandes tráficos do capitalismo passam certamente por uma ilegalidade.

Mas se a burguesia é perfeitamente tolerante com seu próprio ilegalismo, em contrapartida, os ilegalismo populares, que tanto lhe serviram nos séculos XVII e XVIII, esses ilegalismos, agora, a partir do século XIX, deixaram de ser toleráveis. E então ela procurou reprimir e controlar esses ilegalismos populares, que tinham se tornado intoleráveis do ponto de vista econômico, e que eram intoleráveis também por razões políticas.

Do ponto de vista econômico, com efeito, a partir do momento em que se desenvolveu uma burguesia capitalista que colocava entre as mãos dos operários e das massas de operários máquinas, ferramentas, matérias-primas etc., todo contrabando, toda depredação, todo furto minúsculo, tudo acabava tomando, por acúmulo, proporções economicamente intoleráveis ou perigosas. A moralidade do operário era absolutamente indispensável, a partir do momento que se tinha uma organização econômica de tipo industrial. A Revolução e todos os distúrbios populares que, do final do século XVIII até meados do século XIX, fizeram tremer a Europa, esses movimentos políticos tornavam também necessário o controle estreito de todos os ilegalismos populares. Portanto, a burguesia precisou de uma mecânica penal, e a tolerância em relação aos ilegalismos, assim como a velha tolerância característica do Antigo Regime, ela desaparece.

E entre os meios utilizados para pressionar esses ilegalismos populares, para reduzi-los, codificá-los e trazê-los de volta à legalidade, então, há alguns meios, e um deles foi precisamente a organização um tanto privilegiada de determinada forma de ilegalismo, foi de algum modo a constituição de uma franja de indivíduos destinados definitivamente a um ilegalismo profissional, que podemos chamar, *grosso modo*, de delinquência.

De fato, com um setor marginal na população destinada definitivamente à delinquência, criavam um formidável instrumento de poder. Primeiro, a partir do momento em que o ilegalismo é de algum modo profissionalizado, assumido por uma franja determinada da população, há uma maior possibilidade de vigiá-lo com muito mais facilidade do que quando está disseminado por todo o corpo social. Segundo, na medida em que esse grupo de ilegalistas profissionais existe por si só, ele entra em conflito com a massa da população, que é evidentemente a primeira vítima das atividades ilegalistas do grupo. O conflito entre os delinquentes, por um lado, e a massa da população foi um objetivo perpetuamente perseguido pelo poder desde o século XIX. A existência, por outro lado, desse grupo de delinquentes, diante do qual a população só pode ter reações de hostilidade, vai tornar muito mais aceitável, muito mais tolerável a presença permanente da polícia entre a própria população.

O recurso ao medo, constantemente relançado pela literatura policial, pelos jornais, e agora pelos filmes, o recurso ao medo do delinquente – toda a formidável mitologia aparentemente glorificante, mas de fato amedrontadora, essa enorme mitologia construída em torno do personagem do delinquente, em torno do grande criminoso – tornou de algum modo natural, naturalizou a presença da polícia entre a população. A polícia, e não devemos nos esquecer de que é também uma invenção igualmente recente, é preciso dizer, pois sou francês, portanto, chauvinista, que devemos à França a bela instauração da polícia, que foi imitada por todos os países do mundo, no final do século XVIII e no início do XIX. Por fim, esse grupo de delinquentes assim constituído e assim profissionalizado, ele é utilizável pelo poder, é utilizável para muitos fins, é utilizável para tarefas de vigilância. É entre esses delinquentes que os informantes, os espiões etc. serão recrutados. É utilizável também para todo um conjunto de ilegalismos proveitosos à classe no poder. Os tráficos ilegais que a própria burguesia não quer fazer, ela muito naturalmente mandará que seus delinquentes os façam. Portanto, podem ver que, com efeito, muitos dos lucros econômicos, muitos dos lucros políticos, e sobretudo a canalização e a codificação estreita da delinquência encontraram seu instrumento na constituição de uma delinquência profissional. Tratava-se, pois, de recrutar delinquentes, tratava-se de assentar pessoas na profissão e no estatuto de delinquente, e qual era o meio de recrutá-los, de mantê-los na delinquência, de continuar a vigiá-los indefinidamente em sua atividade de delinquentes? Então, é evidente que esse instrumento é a prisão.

A prisão foi uma fábrica de delinquentes; a fabricação da delinquência pela prisão não é um fracasso da prisão, é seu sucesso, pois foi feita para isso. A prisão permite a reincidência, ela garante a constituição de um grupo de delinquentes bem profissionalizado e bem fechado em si mesmo. Pelo jogo do antecedente criminal, das medidas de vigilância, pela presença dos informantes entre os delinquentes, pelo conhecimento detalhado que a prisão permite sobre esse meio. Observem que essa instituição da prisão permite manter o controle sobre os ilegalismos; ao excluir por meio desses efeitos qualquer reinserção social, ela garante que os delinquentes permanecerão delinquentes, e que, por outro lado, permanecerão, uma vez que são delinquentes, sob o controle da polícia e, podemos dizer, à sua disposição.

A prisão não é, portanto, o instrumento que o direito penal criou para lutar contra os ilegalismos; a prisão foi um instrumento para reorganizar o campo dos ilegalismos, para redistribuir a economia dos ilegalismos, para produzir certa forma de ilegalismo profissional, a delinquência, que iria, por um lado, pesar sobre os ilegalismos populares e reduzi-los e, por outro, servir de instrumento ao ilegalismo da classe no poder. A prisão não é, pois, um inibidor de delinquência ou de ilegalismo, é um redistribuidor de ilegalismo. E bastaria, para confirmar isso, citar um ou dois exemplos.

Peguem, por exemplo, o papel da delinquência no século XIX e até estes últimos anos, o papel da delinquência nos lucros sobre a sexualidade. Afinal, a sexualidade é uma necessidade que de algum modo deveria ser fácil de satisfazer sem ter de pagar de uma maneira ou de outra uma taxa a um sistema qualquer de lucro. Ora, a meticulosa organização, em todas as sociedades burguesas do século XIX, de um sistema de prostituição, permitiu arrecadar sobre o prazer sexual uma quantidade de dinheiro absolutamente fabulosa, e cujo levantamento só começou a ser feito no decorrer destes últimos anos. Ainda hoje, em um país como a França, em que a prostituição perdeu, no entanto, um pouco de sua importância em relação ao que era no século XIX, ela não deixa de constituir um dos maiores volumes de negócios que se possa estabelecer, que se possa medir. No século XIX, é provável que, proporcionalmente, o lucro arrecadado sobre o prazer sexual das pessoas pelo viés da prostituição deva ter sido absolutamente colossal. Ora, quais são os empregados, quais são os agentes da arrecadação e da vigilância desses lucros sobre a sexualidade? É claro que o meio delinquente. Cafetões, gigolôs, hoteleiros etc. que canalizam, cada um a seu modo, para instituições financeiras aliás perfeitamente honradas, canalizam um lucro que é vergonhoso arrecadar todas as noites sobre o prazer das pessoas.

A delinquência foi, claramente, um dos instrumentos usados pela burguesia para arrecadar um lucro ilegal sobre uma sexualidade que para tanto se tornara ilegal, e com a ajuda de pessoas que eram delinquentes, isto é, de pessoas destinadas profissionalmente ao ilegalismo.

A mesma coisa poderia ser dita sobre a utilização dos delinquentes no século XIX na luta antioperária e na luta antissindical. Os fura-greves, os agentes provocadores, os elementos de entrismo dos sindicatos, eles foram tradicionalmente, durante todo o século XIX, recrutados entre os delinquentes e nem precisaria de uma análise muito profunda de um fenômeno como a máfia, por exemplo, nos países da América do Norte, para ver que a delinquência continua representando esse papel econômico-político que lhe foi dado no século XIX.

E se a máfia é recrutada nas vias, nos caminhos que não são absolutamente aqueles da delinquência tradicional, todavia antes mesmo de a máfia existir – e nos países em que ela não existe –, onde essa mão de obra será encontrada para esses tráficos ilegalistas? Então, ela será encontrada essencialmente na delinquência. Portanto, como veem, creio que a razão pela qual a prisão foi tão importante e durante tanto tempo, a razão pela qual, apesar de todas as críticas e de todas as objeções que puderam ser feitas à prisão desde o início do século XIX, a razão para ter subsistido por tanto tempo é que, na realidade, ela tinha uma importância, um papel político e econômico evidente.

Por isso, agora, ainda resta uma questão, e é com ela que termino: podemos mostrar, creio, como e por que a prisão é útil, como e por que, de todo modo, ela o foi. Ora, vemos agora, e isso vindo de horizontes diferentes, vemos que a prisão está efetivamente na mira de certo número de críticas e que, até certo ponto pelo menos, ela está começando a regredir. Do que se trata esse fenômeno? É simplesmente uma ilusão e que na verdade os grandes mecanismos da prisão vão permanecer onde estão e que, por conseguinte, a delinquência vai continuar funcionando como funcionou até aqui? Ou efetivamente a prisão está perdendo sua utilidade e seu papel?

Creio que um primeiro fato deve estar bem presente neste momento. É verdade que a prisão começa a regredir, não apenas sob o efeito de críticas externas vindas de meios que podem ser mais ou menos de esquerda ou mais ou menos movidos por uma filantropia qualquer; creio que se a prisão começa a regredir e se os governos aceitam que ela regrida, é porque no fundo a necessidade de delinquentes diminuiu no decorrer dos últimos anos. O poder não precisa mais deles como podia precisar até então. Em especial, ele sente cada vez menos a necessidade urgente de impedir todos esses pequenos ilegalismos que eram tão intoleráveis à sociedade do século XIX, todos esses pequenos ilegalismos sem importância como, por exemplo, o furto. Antes, era preciso aterrorizar as pessoas diante de qualquer pequeno furto. Mas agora, sabemos praticar tipos de controles globais, buscamos manter o furto dentro de alguns limites toleráveis, sabemos calcular o que é o custo da luta contra o furto, o que custaria se ele fosse tolerado, sabemos, portanto, estabelecer o ponto ideal entre uma vigilância que impedirá o furto de ultrapassar certo limite, e depois uma tolerância que permite ao furto se desdobrar dentro dos limites que são econômica, moral, e também politicamente favoráveis.

A maneira como o furto é controlado nas grandes lojas, a maneira como se está assegurado contra o furto, as medidas que são tomadas contra os cheques sem fundos, o que ocorre em relação às fraudes por doença, às fraudes nos seguros sociais etc., provam que foi perfeitamente calculado, nas instâncias administrativas ou estatais, o que é o custo do ilegalismo, quais são as formas de ilegalismo que podem ser perfeitamente toleradas e quais são aquelas que, ao contrário, devem ser perseguidas. Por conseguinte, a ideia de uma supressão radical, individual, pontual dos ilegalismos populares é agora uma ideia considerada como politicamente ultrapassada e economicamente absurda. Os pequenos ilegalismos fazem parte agora dos riscos sociais aceitáveis.

Em segundo, creio que a delinquência, a existência em todo caso de um meio delinquente, perdeu muito de sua utilidade econômica e política. Tomem, por exemplo, o que acontece com a sexualidade de que falava agora há pouco. Antes o lucro sobre a sexualidade era arrecadado pela prostituição. Vocês sabem muito bem que agora foram encontrados outros meios, e bem mais eficazes, de arrecadar lucros com a sexualidade: a venda dos produtos para a contracepção, as terapias sexuais, a sexologia, a psicopatologia, a pornografia, todas essas instituições são maneiras muito mais eficazes e, é preciso dizer, muito mais divertidas de lucrar com a sexualidade do que a enfadonha prostituição.

Poderíamos também dizer o seguinte: agora os grandes tráficos internacionais, os grandes tráficos de armas, de droga, os grandes tráficos de dinheiro, escapam cada vez mais à competência de um meio de delinquentes tradicionais, que com certeza eram rapazes corajosos, mas que com certeza não eram capazes, pois formados na prisão, de se tornarem os grandes traficantes internacionais agora exigidos. Mão de obra artesanal demais, mão de obra desajeitada demais, mão de obra também marcada demais.

São os próprios grandes capitalistas que se encarregam de administrar esses grandes ilegalismos. Desse ponto de vista, também, é possível dizer que a delinquência perdeu e continua perdendo cada vez mais sua eficácia e seu interesse político-econômico. É por isso que, com certeza, a crítica feita atualmente a essa velha instituição secular da prisão, essa crítica que é tão secular quanto a prisão, ela começa, pela primeira vez, realmente a surtir efeito. Essas famosas soluções alternativas à prisão de que eu falava agora há pouco, não devem causar espanto por terem sido inventadas agora. Não é sob os ataques violentos de uma filantropia nova, não é à luz de uma criminologia recente que se começa agora a aceitar perfeitamente a demolição dos muros das prisões, ou em todo caso a abaixá-los de maneira notável. Se pela primeira vez a prisão é atacada, não é porque, pela primeira vez, foram reconhecidos seus inconvenientes, mas é porque, pela primeira vez, suas vantagens começam a diminuir. É que agora não precisam mais de fábricas de delinquentes; em contrapartida, precisam cada vez mais, na mesma medida justamente que o controle pela delinquência profissionalizada perde sua eficácia, substituir esses controles por outros, que são mais sutis, que são mais finos; e é o controle pelo saber, é o controle pela psicologia, pela psicopatologia, pela psicologia social, pela psiquiatria, pela psiquiatria social, pela criminologia etc.

São esses controles que vão garantir, com muito mais eficácia do que esse instrumento afinal grosseiro representado pelo par prisão-delinquência, é tudo isso, portanto, que vai garantir os controles sociais. Em outras palavras, a utilidade econômico-política da delinquência desaparece. Não há mais necessidade de fabricar delinquentes, não há mais necessidade, portanto, das prisões, que são máquinas de ilegalismos e máquinas de propagar e de controlar os ilegalismos. Mas, em contrapartida, há necessidade de instrumentos de controle que vão substituir o par prisão-delinquência, há necessidade de um novo par, de uma nova associação, que não mais será a prisão e a delinquência, que será o controle e os anormais, os controles sobre os indivíduos desviantes, é isso que vai, com uma extensão bem diferente, é claro, e com uma eficácia bem diferente, garantir o velho papel da prisão e da delinquência.

De tudo isso, o que podemos concluir? Eu de forma alguma concluiria com proposições, uma vez que, como veem, não creio na falência da prisão, creio em seu êxito, seu êxito total até o ponto que conhecemos agora, aquele em que não precisamos mais de delinquentes; e ela não entrou em falência, ela está simplesmente entrando em liquidação normal, uma vez que seus lucros não são mais necessários.

E, por outro lado, não há alternativas à prisão, ou melhor, as alternativas propostas à prisão são precisamente maneiras de garantir por outros e em uma escala de população muito mais larga as velhas funções que eram exigidas do par rústico e arcaico, "prisão e delinquência".

Tendo dito isso sobre a alternativa à prisão e sobre a falência da prisão, o que podemos dizer praticamente? Termino com duas ou três considerações que são propriamente táticas. Direi o seguinte: primeiro, fazer regredir a prisão, diminuir o número das prisões, modificar o funcionamento das prisões, denunciar todos os ilegalismos que podem ali acontecer não é ruim, é até mesmo bom, é até mesmo necessário.

Mas que fique bem claro, essa denúncia da prisão, essa empreitada para fazê-la regredir, ou encontrar para ela, como dizem, alternativas, não é em si nem revolucionário, nem contestatário, nem mesmo progressista. No máximo não é nem mesmo incômodo a longo prazo para nosso sistema, na medida em que, cada vez menos, ele necessita de delinquentes, e que, por conseguinte, precisa cada vez menos de prisões.

Segundo, é preciso, creio eu, ir mais longe. Fazer regredir a prisão não é, pois, nem revolucionário e talvez nem mesmo progressista. Pode ser, se não tivermos cuidado, uma forma de fazer com que as funções carcerárias funcionem do lado de fora, funções que até aqui eram exercidas dentro da prisão, e que agora também correm o risco de serem liberadas da prisão e assumidas por múltiplas instâncias de controle, de vigilância, de padronização, de ressocialização. Uma crítica à prisão, a busca de uma alternativa à prisão, que não desconfiasse, da forma mais escrupulosa, desta nova disseminação dos mecanismos próprios à prisão, de sua nova disseminação na escala do corpo social, seria uma empreitada politicamente nociva.

Terceiro, a questão da prisão não pode, portanto, ser resolvida, e nem mesmo ser colocada, nos termos da simples teoria penal. Também não pode ser colocada apenas nos termos da psicologia ou da sociologia do crime. A questão da prisão, de seu papel, de seu possível desaparecimento, só pode ser colocada em termos de uma economia e de uma política, se preferirem, de uma economia política dos ilegalismos. As questões que devem ser colocadas ao poder não são: vocês vão ou não cessar o funcionamento dessas horríveis prisões, que nos causam tanta dor à alma? – quando não somos nós os prisioneiros e que elas não nos causam dor ao corpo. É preciso dizer ao poder: parem com suas conversinhas sobre a lei, parem com seus supostos esforços para fazer respeitar a lei, mas nos falem sobre o que vocês fazem com os ilegalismos? O verdadeiro problema é: quais são as diferenças que vocês, as pessoas no poder, estabelecem entre os diferentes ilegalismos? Como tratam os seus e como tratam os dos outros? Para que servem os diferentes ilegalismos que vocês administram? Que lucros tiram destes e daqueles?

São essas questões, questões sobre a economia geral dos ilegalismos, que devem ser feitas ao poder, mas como, é claro, não devemos esperar que ele responda, são essas questões que devemos tentar analisar. E todo questionamento da lei penal, todo questionamento da penalidade que não levar em conta esse gigantesco contexto econômico-político que é o funcionamento dos ilegalismos em uma sociedade, será necessariamente uma maneira abstrata de questionar.

E, por fim, se quisermos retomar o refrão, conhecido até demais: não há reforma da prisão sem a busca de uma nova sociedade, então, eu diria que, se é mesmo necessário imaginar outra sociedade para imaginar outra forma de punir, creio que, nesse sonho que devemos ter de outra sociedade, o essencial não é imaginar um modo de punição que seria particularmente brando, aceitável ou eficaz; devemos antes imaginar algo prévio, e algo que é sem dúvida muito mais difícil de inventar, mas que é preciso buscar, apesar de todos os exemplos desastrosos que podemos ter diante dos olhos, à direita e à esquerda, em todos os sentidos da palavra direita e esquerda, apesar disso, portanto, a pergunta que devemos fazer é a seguinte: podemos realmente conceber uma sociedade em que o poder não precise de ilegalismos?

O problema não é o amor das pessoas pela ilegalidade, o problema é: a necessidade que o poder pode ter de possuir os ilegalismos, de controlar esses ilegalismos, e de exercer seu poder por meio desses ilegalismos. Quer este uso dos ilegalismos se faça pela prisão ou pelo "gulag", creio que de qualquer maneira o problema está aí: pode haver um poder que não goste do ilegalismo?

Pensar nossa atualidade penal com Foucault

Sylvain Lafleur

Michel Foucault abordou as rupturas epistemológicas nas ciências humanas, a ordenação dos discursos, o uso interessado dos loucos, o nascimento dos asilos e das prisões, as governamentalidades fisiocrática e ordoliberal, a confissão em justiça, a moral cristã e as prescrições sexuais. Também militou dentro do Groupe d'information sur les prisons (GIP), trabalhando para transmitir a fala dos detentos. Se suas teses sobre o aspecto microfísico do exercício do poder e sobre a emergência de uma biopolítica são bem conhecidas, sua posição em relação ao progressismo penal – às reformas carcerárias – parece-me desconhecida.

Por isso considero importante calcular a justeza de suas posições sobre as transformações punitivas à luz de nossa atualidade, lembrando, primeiro, alguns elementos importantes de seu pensamento.

Ilegalismos

Todos os indivíduos realizam atos que permitem sobreviver, se reproduzir, interagir, satisfazer necessidades, obter prazer, garantir sua sobrevivência: eles comem, trabalham, falam, dormem, fogem, fazem amor, se deslocam, se associam, manifestam, incomodam, se expõem etc. Ora, o fato é que alguns desses atos podem ser sancionados a partir do momento em que o contexto, a sensibilidade da época na qual se produzem ou os interesses particulares os fazem penetrar em um regime de proscrições. Tornam-se então ilegalismos: atividades que se situam na fronteira movediça que separa a legalidade da ilegalidade. Todavia, não é porque certos atos são proscritos que eles são (ou serão) sancionados: o comércio privado dos tecelões da Nova Inglaterra que contou com inúmeros adeptos foi tolerado e encorajado ainda que transgredisse o direito da época[5]. Como também poucos homossexuais foram castigados quando as leis os condenavam aos piores suplícios. Inversamente, não é porque

---

5 FOUCAULT, M. *Mal faire, dire vrai – Fonction de l'aveu en justice*. Louvain--la-Neuve: Presses universitaires de Louvain, 2012 [*Malfazer, dizer verdadeiro*. São Paulo: WMF Martins Fontes, 2018].

alguns atos não são proibidos no plano legal que seus autores não são (ou não serão) punidos de uma maneira ou de outra por autoridades que possuem um poder coercitivo: já aconteceu de a polícia punir homossexuais[6] ao passo que a homossexualidade estava descriminalizada, e de a justiça sancionar severamente atividades constitucionalmente reconhecidas (manifestação, greve) que ela não condena sistematicamente nos textos[7]. Esses exemplos, utilizados por Foucault para ilustrar o caráter discricionário da justiça e das intervenções das forças da ordem, servem para lembrar que em nossas sociedades se pratica um tratamento diferencial das atividades cotidianas tão logo estas estejam a cargo das autoridades que podem, segundo sua vontade, ser fiadoras da ordem ou ignorar a letra da lei.

O tema do tratamento diferencial dos ilegalismos é fundamental. Ele é a pedra angular do pensamento de Foucault sobre as sociedades punitivas: "Não podemos

---

6 Foucault avança que os homossexuais são um objeto de repressão quando são vítimas de intervenções policiais (contravenção, espancamentos, detenção e prisão provisória, intimidação), mas também que a especificidade deste tipo de repressão não é ser judicial (processo com condenação). Para ilustrar seu ponto de vista, ele menciona os eventos de fechamento das saunas gays pela polícia, a partir do qual a polícia poderá justificar sua intolerância declarando-se "vítima da morsa da moral". O assédio policial a homossexuais atesta a instauração de relações de poder extrajudiciais de ordem política, policial e administrativa. Cf. sobre o assunto: "Foucault: non aux compromis" (1982), *Dits et Écrits II*, 2001, p. 1.155-1.156 [*Ditos e escritos*. Vol. II. São Paulo: Forense Universitária, 2013]) e *Mal faire, dire vrai*, 2012, p. 251.

7 FOUCAULT, M. La stratégie du pourtour. *Dits et écrits, II*. Paris: Gallimard, 2001, p. 794-797.

compreender o funcionamento do sistema penal, de um sistema de leis e de interditos, se não interrogarmos o funcionamento positivo dos ilegalismos"[8], diz ele, em sua aula de 21 de fevereiro de 1973. A noção de ilegalismo permite ir além da terminologia na base da criminologia – começando pelas noções de infração e de delinquência – e romper com uma visão exclusivamente parasitária da criminalidade que viria ameaçar de fora uma vida econômica e política aliviada para a ocasião de suas contradições internas[9]. Nesse sentido, essa noção permite fundamentar uma proposta sobre a instrumentalização dos crimes e sobre o uso interessado da figura do pária. Por isso ela será estrategicamente convocada no final de *Vigiar e punir* e de *"Alternativas" à prisão* para lembrar que as críticas ao encarceramento e ao sistema penal não devem prescindir de um questionamento sobre as funções da punição por causa dos lucros (monetário, político, simbólico) gerados por atividades passíveis de serem sancionadas – quer elas sejam ou não.

Ressaltemos que o olhar de Foucault sobre o universo das sanções está marcado por um realismo jurídico em ruptura com uma visão idealizada e processual da justiça que supõe que:

---

8 FOUCAULT, M. *La société punitive*. Paris: Seuil/Gallimard/EHESS, 2013, p. 148 [*A sociedade punitiva*. São Paulo: WMF Martins Fontes, 2015].

9 AMICELLE, A. Deux attitudes face au monde – La criminologie à l'épreuve des illégalismes financiers. *Cultures et conflits*, n. 94/95/96, 2014, p. 66.

1) os legisladores decretam interditos por meio de leis;

2) a polícia fará respeitar;

3) para que as instâncias judiciárias possam determinar as sanções;

4) as instituições carcerárias e penais executarão.

Refutando a premissa segundo a qual as instituições judiciais e policiais se apressam para aplicar o direito, ele sustenta que estas foram adaptando ao longo do tempo suas intervenções a fim de obter uma inflexão comportamental resultando em uma permutação do funcionamento da mecânica do direito e da justiça[10]. Com efeito, segundo Foucault, a emergência das sociedades de normalização favoreceu o declínio da matriz "jurídico-discursiva"[11] e secundarizou[12] a lei. O que não significa que a lei se eclipsa ou que as instituições de justiça tendem a desaparecer, mas que a lei funcio-

---

10 "Supõe-se que nossa justiça, pelo menos desde o século XIX, não tenha outra função a não ser a de aplicar a lei. O que ela faz de uma forma muito imperfeita, se você considerar todas as exceções que ela tolera, todas as distorções que ela inflige. A violação da lei obedece ao princípio da salvaguarda da ordem [...]. É por questão de ordem que se decide processar ou não processar. Por questão de ordem deixa-se a polícia agir como bem entender. Por questão de ordem se expulsa aqueles que não são perfeitamente 'desejáveis'" (FOUCAULT, M. Le citron et le lait (1978). *Dits et Écrits, II*, 2001, p. 697).

11 Foucault define a leitura "jurídico-discursiva" como a articulação de enunciados proibitivos com força de lei e capazes de levar à submissão (FOUCAULT, M. *Histoire de la sexualité* – Vol. 1: La volonté de savoir. Paris: Gallimard, 1976 [*História da sexualidade* – Vol. 1: A vontade de saber. Rio de Janeiro, Paz e Terra, 2020].

12 Cf. a esse respeito a obra *Foucault's Law* de Ben Golder e Peter Fitzpatrick (2009).

na muito mais como uma norma, e que as instituições judiciais se harmonizam com "um conjunto de aparelhos (médicos, administrativos etc.) cujas funções são sobretudo reguladoras"[13]. Em uma perspectiva biopolítica mais ampla, o crescente recurso às práticas normalizadoras que descentram o sistema de direito teria favorecido uma inflação legislativa[14] quando se mostrou necessário aperfeiçoar as ferramentas legais que permitem às diversas instâncias se apoderarem das atividades que se encontram fora do alcance judicial ou manterem indivíduos sob um constrangimento legal.

Constatando que a justiça não se define por seu rigorismo legal, Foucault supõe que a latitude outorgada

---

13 FOUCAULT, M. *Histoire de la sexualité* – Vol. 1: La volonté de savoir. Paris: Gallimard, 1976, p. 190.

14 Foucault escreve: "Também os mecanismos de segurança são mecanismos muito antigos. Eu também poderia dizer, por outro lado, que se tomarmos os mecanismos de segurança como estamos tentando desenvolvê-los na época contemporânea, é absolutamente evidente que isso não constitui de forma alguma uma colocação entre parênteses ou uma anulação das estruturas jurídico-legais ou dos mecanismos disciplinares. Pelo contrário, tomem por exemplo o que está acontecendo agora, sempre na ordem penal, nessa ordem de segurança. O conjunto das medidas legislativas, dos decretos, dos regulamentos, das circulares que permitem a implantação dos mecanismos de segurança, esse conjunto é cada vez mais gigantesco. Afinal, o código legal sobre o furto era relativamente simples na tradição da Idade Média e do período clássico [...] todo o conjunto legislativo relativo ao que se denomina justamente as medidas de segurança, as vigilâncias dos indivíduos após a instituição: vocês veem que temos uma verdadeira inflação legal, inflação do código jurídico-legal para fazer com que esse sistema de segurança funcione" (FOUCAULT, M. *Sécurité, territoire, population*. Paris: Seuil/Gallimard/EHESS, 2004, p. 9 [*Segurança, território, população*. São Paulo: Martins Fontes, 2008]).

pelo aumento do número de leis teria como função permitir que os guardiões da ordem se lancem por ninharias contra indivíduos marcados em um universo judicial constrangedor[15]. Por conseguinte, as sociedades de normalização (de regulação ou de segurança) estariam doravante sob a égide de um "primado da ordem" vindo orientar e justificar as maneiras como são governadas as populações, os "anormais".

É bom relembrar que Foucault não se opõe à existência de sanções, não encontrando nada de "escandaloso"[16] no fato de que indivíduos sejam punidos caso infrinjam as regras. Em contrapartida, ele considera "inaceitável"[17]

---

15 Em *La société punitive* (2013), Foucault descreve "novos delitos", tais como: a obrigação de documento e a proibição da loteria.

16 "Acredito que, na verdade, o direito penal faz parte do jogo social em uma sociedade como a nossa, e não é preciso escondê-lo. Isso significa que os indivíduos que fazem parte desta sociedade devem se reconhecer como sujeitos de direito que, como tais, estão sujeitos a serem punidos e castigados se infringirem esta ou aquela regra. Não há nada de ultrajante nisso, acredito, nada de escandaloso. Mas é dever da sociedade garantir que indivíduos concretos possam efetivamente se reconhecer como sujeitos de direito. O que é difícil quando o sistema penal utilizado é arcaico, arbitrário, inadequado aos problemas reais de uma sociedade. Tomem, por exemplo, apenas a área da delinquência econômica. O verdadeiro trabalho *a priori* não é injetar cada vez mais medicina e psiquiatria para modular esse sistema e torná-lo aceitável, temos de repensar o próprio sistema penal. Não quero dizer: voltemos à severidade do Código Penal de 1810; quero dizer: voltemos à ideia razoável de um direito penal que definiria claramente o que em uma sociedade como a nossa pode ser considerado como passível de punição ou não; voltemos ao próprio pensamento de um sistema que define as regras do jogo social" (FOUCAULT, M. Qu'appelle-t-on punir? (1984). Dits et Écrits, II. Paris: Gallimard, 2001, p. 1.464-1.465.

17 FOUCAULT, M. Je perçois l'intolérable. *Dits et écrits, I*, Paris, Gallimard, 2001, p. 1.071-1.073.

encarcerar um indivíduo porque ele foi confrontado ao sistema de justiça que aceita práticas arbitrárias e arcaicas não obstante os problemas reais que se colocam a uma sociedade. Por isso exige uma definição clara dos atos que devem ser punidos, deseja a chegada de um novo direito "não disciplinar" e ressalta as incongruências das sanções a fim de pressionar os Beccaria e Bertin contemporâneos, isto é, aqueles e aquelas que têm como tarefa a refundação da justiça.

Sendo assim, os temas do tratamento diferencial dos ilegalismos e do "primado da ordem" constituem o pano de fundo reflexivo sobre o qual Foucault se apoia para expressar reservas em relação às práticas que participam de uma humanização das penas. Lembremos que o enclausuramento deve cumprir duas funções:

1) uma função preventiva de recuperação que serve para evitar a reincidência;

2) uma função punitiva que serve para expiar os prejuízos causados a uma sociedade ultrajada por meio da organização de um sofrimento reparador.

No entanto, à luz do seu fracasso em reformar os detentos, Foucault considera que o enclausuramento serve sobretudo para fabricar reincidentes e para manter os justiçáveis à mercê do sistema de justiça na medida em que a prisão constitui "uma escola do crime" que marca com o selo da infâmia aqueles que a frequentam. Nesse sentido, a prisão como técnica de marginalização[18] permitiria essencialmente perseguir objetivos secundários: trabalho forçado dos desocupados, deslocamento dos indesejáveis, constituição de um nicho de recrutamento para o poder, estigmatização útil e permanente das pessoas. Por conseguinte, o enclausuramento não teria de forma alguma o papel de suprimir as infrações, e sim o de tornar dóceis certos indivíduos levados a cometer incivilidades, ou ainda, de sancionar no nível infrapenal em nome da ordem uma quantidade de atos incômodos (maneiras de viver, tipos de discursos, recusa de autoridade, comportamentos anormativos etc.).

Diante da contínua crítica à prisão, Foucault se questiona sobre as formas que poderiam tomar as alternativas ao encarceramento ocorrido em uma época marcada pelo superencarceramento de pessoas desafortunadas (pobres e migrantes) e pela colocação de populações sob um regime de custódia[19]. Considerando que as "alternativas" não

---

18 "O problema não é uma prisão modelo ou a abolição das prisões. Atualmente, em nosso sistema de justiça, a marginalização é realizada pela prisão. Essa marginalização não desaparecerá automaticamente com a abolição da prisão. A sociedade simplesmente instauraria outro meio. O problema é o seguinte: oferecer uma crítica ao sistema que explique o processo pelo qual a sociedade atual empurra parte da população para a margem. É isso" (FOUCAULT, M. Le grand enfermement (1972). *Dits et Écrits, I*. Paris: Gallimard, 2001, p. 1.174).

19 "A prisão é um instrumento de repressão social. Os grandes delinquentes, os grandes criminosos não representam 5% de todos os prisioneiros, o resto é essencialmente a delinquência média e pequena, pessoas das classes pobres. Aqui estão dois números que geram muita reflexão: 40% dos prisioneiros têm processos cujo caso ainda não foi julgado, cerca de 16% são

servem para abolir as funções da prisão nem para deixar de manter a figura útil do delinquente sobre o qual se apoia o tratamento diferencial dos ilegalismos, ele supõe que as penas alternativas conservam os efeitos positivos do enclausuramento ao retirar do circuito condenados em relação à sociedade, e isso ainda que possam aniquilar os perigos internos da prisão. Recordando em sua palestra em Montreal que as tentativas de substituição anteriores funcionaram segundo uma lógica essencialmente carcerária (deportação-colonização, criação de forças expedicionárias especializadas, como a Legião estrangeira), ele avalia que o redimensionamento das penas que ocorre sob a égide de uma razão securitária – de um *primado da ordem* – mantém essa mesma lógica. É por isso que as formas alternativas ao encarceramento disseminariam "uma espécie de tecido canceroso, as mesmas formas de poderes para além dos próprios muros da prisão"[20].

Atualidade

É evidente que Foucault demonstra certo pessimismo quanto ao recurso às medidas alternativas ao encarceramento. E as reservas expressadas em relação ao caráter progressista das penas alternativas se aproximam pelo seu

---

imigrantes" (FOUCAULT, M. Enquête sur les prisons: brisons les barreaux du silence [entrevista de C. Angeli com M. Foucault e P. Vidal-Naquet, 1971]. *Dits et Ecrits*, I, 2001, p. 1.047.

20 BRODEUR, J.-P. [transcrição]. "Alternatives" à la prison. Art. cit.

teor às que ele também formula em relação à desinstitucionalização psiquiátrica: "Devemos, no entanto, prestar atenção: o movimento da antipsiquiatria, que se opõe à noção de asilo, não deve resultar na exportação da psiquiatria para o lado de fora multiplicando as intervenções na vida cotidiana"[21]. Crítico sobre a realidade do mundo penal e suas transformações, ele supõe em 1976 – ou seja, em uma época em que as taxas de encarceramento e o número de pessoas sob controle judicial eram relativamente baixas se comparados à situação atual – que o papel da polícia é o de se tornar o carcereiro de uma prisão aberta. De fato, longe de ser a favor de práticas que privilegiam rituais de retribuição simbólica (processos de perdão) que teriam como efeito a real redução do número de pessoas sob a autoridade judicial, as práticas de controle que se desenvolvem um pouco em toda parte há algumas décadas tendem a estender a penetração dos poderes policial e judiciário. Isso enquanto várias sociedades endurecem suas políticas penais automatizando as penas e criminalizando alguns fatos em resposta a uma sensibilidade popular pelas incivilidades (altercação, rixa, ameaça proferida etc.). Por conseguinte, novas infrações foram criadas e algumas condutas que não passam de simples contravenções tornaram-se passíveis de prisão[22].

---

21 FOUCAULT, M. *Par-delà le bien et le mal*. Paris, Gallimard, 1971, p. 1.100-1.101 [Dits et écrits, vol. I].

22 FASSIN, D. *Punir, une passion contemporaine*. Paris: Seuil, 2017, p. 12.

Hoje, mais de quarenta anos depois da palestra de Foucault em Montreal, a população carcerária multiplicou-se tanto na França quanto na escala global (salvo algumas exceções). No decorrer dos anos de 2000, o número de prisioneiros, que não parou de crescer desde o final da Segunda Guerra mundial, aumentou em 108% na América (excluindo os Estados Unidos), em 29% na Ásia, em 15% na África, em 59% na Oceania, em 115% no Brasil, para atingir meio milhão, e em 145% na Turquia. Além disso, as medidas para controlar os justiçáveis fora dos muros estão desde algumas décadas em forte crescimento. A título de exemplo, nos Estados Unidos, a população carcerária que era de 200 mil indivíduos nos anos de 1970 é agora de 2,3 milhões de indivíduos aos quais devem ser somados 4,7 milhões de indivíduos sob o controle de diferentes medidas probatórias[23]. É por isso que a ideia segundo a qual o alargamento do leque das sanções deve conduzir a uma redução do número de pessoas encarceradas está errada. Se as penas alternativas (encarceramento com sursis, sursis com liberdade condicional, suspensão da carteira de habilitação, interdição espacial, prisão domiciliar, semiliberdade concedida para trabalho ou estágio, obrigação de tratamentos etc.) tiveram como efeito frear o desenvolvimento das penas curtíssimas de encarceramento, elas não contribuíram para

---

23 Ibid., p. 19.

reduzi-las maciçamente. Na verdade, tudo sugere que as medidas alternativas ao encarceramento contribuíram para aumentar o tempo de encarceramento, para tornar mais pesadas as sanções contra certas infrações (infração de trânsito, vigarice nos transportes, violência doméstica, inadimplência, fraude, ameaça etc.) e para instaurar uma arquitetura de vigilância "frouxa".

Sabendo que as medidas alternativas se justapuseram ao encarceramento sem ter um verdadeiro efeito dissuasor sobre essa prática e que o aumento do número de pessoas sob controle judicial não oferece solução contra os vícios de uma instituição criticada pelo seu racismo, pela sua segregação e pelas suas decisões arbitrárias, parece justo supor que elas são um remédio ao problema flagrante da superpopulação carcerária resultante do desejo de prender um número maior de pessoas.

Para os legisladores, criminologistas e juristas progressistas, como Serge Portelli, presidente no tribunal de segunda instância de Versalhes (2012-2018) e magistrado "anti-Sarkozy" que se manifestou contra o endurecimento penal e a política de imposição de penas mínimas, o recurso às penas alternativas ao encarceramento em um contexto em que as prisões sofrem com a superpopulação "não são medidas de favor nem indícios de frouxidão, mas a resposta mais inteligente à criminalidade", porque permitem exercer "fortes constrangimentos, mas também acompanhamentos para uma real reinserção"[24]. Partilhando o espírito de uma recomendação do Comitê de Ministros do Conselho da Europa, Portelli considera que o recurso às alternativas que colocam um réu em situação de semiliberdade apresenta "uma real utilidade, tanto para o delinquente como para a comunidade, uma vez que o delinquente é capaz de continuar a exercer suas escolhas e suas responsabilidades sociais"[25]. Nesse sentido, as penas alternativas seriam um mal menor, pois permitem que indivíduos delituosos expiem seus erros sem que passem pelas angústias de uma detenção que constituiriam uma sanção severa demais diante dos fatos que lhes são recriminados e pelos quais foram reconhecidos culpados. Elas constituiriam um verdadeiro progresso.

Os argumentos a favor das penas alternativas não seriam incompatíveis com o argumento de Foucault se as sanções se exercessem exclusivamente sobre indivíduos que cometem erros contra pessoas ou sobre condenados que poderiam ter agido de outra forma. Ora, na maioria dos países ocidentais, a tendência quanto às sanções consiste, de um lado, em judicializar indivíduos que cometem atos delituosos que são objeto de uma nova intolerância[26] e, por outro, em judicializar preferencial-

---

24 PORTELLI, S. Les alternatives à la prison. *Pouvoirs*, vol. 4, n. 135, 2010, p. 28.

25 Ibid., p. 16.

26 Na França, por exemplo, as infrações de trânsito (objeto de mudanças legislativas que reclassificam as infrações nos Código de trânsito como delin-

mente as populações socialmente desfavorecidas e etnicamente discriminadas que não dispõem das somas necessárias para enfrentar suas "responsabilidades sociais" ou que são objeto de uma vigilância policial contínua (controle de identidade baseado na aparência da pessoa, controle de identidade, *stop and search, stop and frisk*). De fato, a visão pró-alternativa, considerando as branduras das sanções como um progresso, ignora os vieses e os determinismos que percorrem, organizam e guiam o universo das sanções. Ela desconsidera que os vexames derivados do encarceramento exercidos fora dos espaços carcerários perpetuam e aumentam uma discriminação sistêmica ao impor obrigações judiciais que não operam uma ruptura franca com o encarceramento. Afirmar isso, não significa que os defensores das penas alternativas sejam racistas e classistas, e sim que o progresso aparente das sanções alternativas é uma miragem que pode ser revelada por um exame crítico e heurístico da atribuição das penas. Todas as pesquisas etnográficas, as reflexões filosóficas e os testemunhos pessoais sobre as experiências judiciais na França (*La force de l'ordre* de Didier

---

quências de trânsito), as infrações contra a legislação sobre entorpecentes e as ofensas contra a autoridade pública (ocorrendo quando um interpelado responde a um agente da polícia) estão aumentando. Elas representam um terço dos encarceramentos, enquanto as condenações por homicídio e assalto à mão armada, constituindo 1% dos encarceramentos, estão em declínio (FASSIN, D. *L'ombre du monde – Une anthropologie de la condition carcérale*. Paris: Seuil, 2017, p. 152 [*A sombra do mundo – Uma antropologia da condição carcerária*. São Paulo: Unifesp, 2019]).

Fassin; *Le combat Adama* de Assa Traoré e Geoffroy de Lagasnerie), como nos Estados Unidos (*On the Run* de Alice Goffman; *When They Call You a Terrorist* de Patrisse Cullors; *Capitalisme carcéral* de Jackie Wang), contam a mesma história: o da judicialização das pessoas oriundas das minorias racializadas resultante de uma supervigilância discriminante e das escolhas políticas que, parecem, escapam aos diversos agentes da justiça que as executam.

No entanto, o fato de o sistema judiciário ser discriminatório é um segredo de polichinelo que os profissionais e os observadores da esfera criminológica não podem desconsiderar. Como ignorar que a seleção da população penal se inicia na rua quando a polícia faz um perfil dos indivíduos baseado na aparência física e continua depois no escritório dos procuradores; dos *attorneys* e dos advogados nomeados pelo tribunal que tratam impudentemente certos tipos de casos? Hoje, não resta dúvida de que as estatísticas da delinquência não explicam as práticas políticas, policiais, judiciais e penais, e sim, pelo contrário, de que são antes as políticas penais, as práticas policiais e as decisões judiciais que encontram nas estatísticas indícios "para legitimar evoluções, cujos decisores, legisladores, policiais e magistrados têm a iniciativa e a responsabilidade"[27], em nossa época em que parece normal reprimir a pequena delinquência e sancionar pesadamente catego-

---

27 Ibid., p. 89.

rias de pessoas contra as quais existe uma animosidade que, se não se expressa de maneira oficial, está no entanto presente.

Durante sua palestra em Montreal, Foucault deixa transparecer seu temor quanto aos efeitos das penas alternativas: se as práticas seletivas da polícia fabricam delinquentes, a imposição de penas alternativas ajuda a reforçar o poder da polícia outorgando-lhe a tarefa de vigiar aqueles que ela prendeu no início do processo judicial. Em uma entrevista dada ao canal Antenne 2, em 1977, Foucault explicita esse temor sustentando que a verdadeira tarefa da justiça consiste em permitir que a polícia funcione quando valida sua capacidade de determinar que pessoas devem ser punidas[28]. Nesse sentido, a polícia com o caráter inquebrantável de sua palavra aparece como o ator central do tratamento diferencial das populações, o vetor performativo da animosidade social.

O interesse em ler retrospectivamente a palestra de Montreal deve-se ao fato de Foucault ser perspicaz sobre uma tendência que hoje se impôs.

---

28 "Michel Foucault: la justice et la police", entrevista concedida, em 25 de abril de 1977, ao canal Antenne 2, Serge Moati (diretor), Jack Lang, Serge Moati e Jean Denis Bredin (produtores) [Online].

"Casa sob vigilância"

Entrevista com Tony Ferri[29]

Em "Alternativas" à prisão, Foucault entrevê a possibilidade de que a prisão possa desaparecer para ser substituída por formas de sanção que trariam as funções da arquitetura carcerária para o centro da sociedade. Sem sugerir que isso constituiria um progresso, podemos nos perguntar se Foucault era favorável à abolição das prisões?

Embora seja verdadeiro que Michel Foucault nunca se pronunciou claramente a favor da abolição da prisão, nunca se posicionou afirmando a necessidade de suprimir os estabelecimentos penitenciários do arsenal puni-

---

[29] Tony Ferri é filósofo e pesquisador do Groupe d'études de recherches philosophie, architecture, urbain (Gerpau). Também é conselheiro penitenciário para integração e liberdade condicional na França.

tivo contemporâneo, o fato é que toda sua filosofia, em todo caso esta que se articula em torno do *Vigiar e punir* e dos anos de 1970, apoia-se não apenas em um questionamento radical da prisão e da ideologia que a supõe, mas no repúdio do regime carcerário propriamente dito. A esse respeito, é bom lembrar que Michel Foucault qualificava a prisão como "instituição da morte": "A prisão não é a alternativa à morte, ressalta com veemência, ela carrega a morte com ela. Um mesmo fio condutor corre ao longo dessa instituição penal que deveria aplicar a lei, mas que, na verdade, a suspende: uma vez ultrapassadas as portas da prisão, reinam o arbitrário, a ameaça, a chantagem, os golpes. [...] É de vida ou de morte, não de 'correção', que se trata nas prisões".

De forma que, munido dessas informações ou advertências, é de fato interessante se perguntar por que Michel Foucault não usou, explícita ou insistentemente, o termo abolição, ou melhor, por que não aderiu pessoalmente ao movimento abolicionista, embora o apoiasse, sobretudo por meio da criação, com alguns outros, do Groupe d'informations sur les prisons (GIP), com o objetivo de dar voz aos detentos e às suas famílias e de denunciar as condições inumanas de encarceramento que os presos enfrentam diariamente.

Creio que podemos fornecer um primeiro elemento de resposta representando-se a possibilidade de que a corrente abolicionista ou anticarcerária se encontre capturada, de algum modo, pela necessidade de substituir a forma carcerária por outras formas punitivas, de substituir uma ideologia por outra ideologia, de se aproximar do poder em vez de se afastar dele. No fundo, o problema do abolicionismo é que ele corre o risco de inscrever sua abordagem em uma perspectiva de modulação ou de refundação parcial das penas e, consequentemente, em uma vontade de fazer propostas substitutivas ao encarceramento, que talvez não apenas não ofereçam nada de fundamentalmente novo, mas certamente mantenham o sistema tal qual já existe. Em suma, o abolicionismo, apesar da profundidade de suas análises e da radicalidade de algumas de suas posições, pode ser taxado de simples visão reformista, de lógica cúmplice do poder existente, de atitude desejosa de impor alternativas pré-fabricadas ao encarceramento. Como você sabe, sou autor de um novo livro bastante explícito sobre o assunto, o *Abolir la prison. L'indispensable reforme pénale* [Abolir a prisão. A indispensável reforma penal] (Paris: Libre et Solidaire, 2018), no qual tentei usar a dupla função do filósofo: a função crítica de um lado, e a função criativa de outro. Por conta da função crítica, o livro retoma e amplia, em uma primeira seção, o conjunto dos argumentos e fatos que permitem mostrar a pertinência e a objetividade de um engajamento a favor da defesa da causa abolicionista.

Em uma segunda seção, trata-se, para mim, de acordo com a exigência da função criativa, de fazer propostas de mudança, portanto de entregar e submeter ao exame um modelo completamente diferente de se responsabilizar pelas pessoas condenadas, no lugar do modelo carcerário existente hoje. Você ficará surpreso se eu lhe revelar que as mesmas pessoas que criticam violentamente a existência das prisões, as mesmas pessoas que pedem sua eliminação pura e simples, me criticaram? Por quê? Provavelmente porque o próprio ato de trazer propostas aqui, e sejam quais forem, é para elas algo como o reflexo de um impasse, na medida em que esse ato é, aos seus olhos, um efeito de poder, um ato de decisor, de ideólogo, uma posição tímida, portanto não suficientemente radical e que, por isso, erra seu alvo que consiste, pelo contrário, segundo os adeptos da denúncia radical, na instauração de uma *tabula rasa* total e na busca do advento da novidade absoluta. Essa vontade de refundação absoluta, esse desejo de ver a *tabula rasa* acontecer, o próprio Michel Foucault a expressara à sua maneira, insistindo que havia espaço para "repensar toda a economia do punível em nossa sociedade", o que é uma maneira, vamos admitir, de lançar um apelo a uma espécie de agitação revolucionária. Porque, nessa perspectiva, não é só a prisão que importa abolir, mas a própria economia do punível, ou seja, o regime das penas, as leis existentes, as desigualdades sociais sobre as quais se apoia o sistema das condenações. Em outras palavras, é bem possível que Michel Foucault não tenha colocado de imediato seu pensamento na esteira da posição abolicionista, pois esta lhe parecia talvez tímida demais ou frouxa, e sobretudo por medo de ver suas ações afinal capturadas ou recuperadas pelo poder.

Quanto à não inscrição formal de Michel Foucault na corrente abolicionista, outro argumento poderia ser avançado, a saber, o da ação e das lutas. Com efeito, depois de Jean-Paul Sartre, é patente que o autor de *Ditos e escritos* atribuiu uma importância capital à *práxis*, isto é, à prática da contestação, no coração do real, no meio dos outros. Em outras palavras, quanto à possibilidade de ver as transformações futuras acontecerem concretamente, Michel Foucault às vezes preferiu travar, a exemplo da figura de proa do existencialismo, uma batalha nas ruas, nas fábricas, na universidade, nos tribunais, ao invés de se contentar em formular uma nova ideologia ou utopia, na universidade ou no Collège de France, que depois se tentaria impor, sem eficácia nem credibilidade. Pois bem sabia que é no coração do real, em solidariedade aos movimentos populares, na ocasião de um reagrupamento ou de uma revolta espontânea, que podem surgir perspectivas inéditas ou qualquer outra coisa no futuro, que podem se desenhar os contornos de um futuro que nunca está totalmente dado, mas deve ser construído; em suma, que pode surgir o quadro de novas aplicações práticas, ainda que estas não sejam imediatamente percebidas por todos ou claramente definidas para todos. Michel Foucault também parecia ter a convicção de que o movimento de derrubada de um regime ideológico, e de suas instituições resultantes, pode ter mais chances de se realizar, não quando se prevalece de outra ideologia, mas quando é a expressão de lutas sociais e de ações das massas populares e, consequentemente, parecia juntar-se, nesse ponto, a Jean-Paul Sartre e sua filosofia prática. A esse respeito, eis o que disse o filósofo existencialista, durante uma discussão tornada célebre entre ele e o psiquiatra Franco Basaglia sobre as aplicações concretas da corrente antipsiquiátrica e sobre a questão da abolição dos asilos: "Parece-me", diz Jean-Paul Sartre, "que se nos limitarmos a considerar a negação dessas instituições [asilo, prisão] da forma como é inata nas massas e a estudar essa mesma negação, a reforçá-la, aí não será necessário passar pela utopia. Enfrentamos a ciência prática, enfrentamos as instituições, sem formular o que acontecerá depois. Simplesmente o que queremos não está dado, e o que queremos nunca é exatamente o que será dado. Pode ser melhor [...]. Na minha opinião, eis o caminho para conseguir algo". E acrescentou: "É na prática que encontramos os elementos que, em um momento muito próximo, podem se tornar novos indícios ideológicos".

Quais são as "alternativas" à prisão? Em 1976, na conferência, elas se apresentam sob a forma de um encarceramento humanizado (prisão modelo) e das penas na comunidade. O que mais pode ser dito?

Parece-me que para bem compreendê-la, a questão do advento da prisão, como uma técnica inédita de punição, que surgiu e se desenvolveu historicamente no final do século XVIII e início do século XIX, deve ser aproximada, na obra de Michel Foucault, de suas reflexões sobre o desenvolvimento da economia liberal e das modalidades de correção dos indivíduos pelo trabalho. Segundo suas pesquisas, a ideia fundadora da prisão consistia, em particular, na vontade de reinserir e de prevenir o crime por meio do trabalho. De fato, encontramos no pensamento de Michel Foucault a ideia de que a valorização do trabalho, no liberalismo, tem por objetivo, não só promover a capacidade de criação, o empreendedorismo ou a esperança de se realizar no exercício de uma atividade profissional, mas também, e mais sutilmente, de reunir os sujeitos em lugares, em órgãos, em atividades, a fim de permitir um melhor controle do deslocamento, das atividades e do espaço circundante, para torná-los dependentes de um determinado número de tarefas a cumprir e conformes a um quadro particular, para estabilizá-los. Esta é a temática foucaultiana do desenvolvimento do regime disciplinar e do "esquadrinhamento dos corpos" no e pelo liberalismo.

No entanto, na nossa economia atual, e de um ponto de vista mais prático, a atividade profissional ou formadora, por um lado, e o alojamento, por outro, constituem os dois polos centrais da reinserção e da prevenção da reincidência principalmente para a pequena e a média delinquência, se posso colocar dessa forma, visto que estes dois polos ou vetores correspondem, em grande parte, ao grau de assentamento fundamental das pessoas, de ordem profissional e socioeconômica, à sua infraestrutura material fonte de estabilidade e de valor. Quanto aos prisioneiros de longa duração, não é demais notar que eles devem reaprender tudo ou quase tudo a esse respeito, de forma anedótica, lembro-me de uma pessoa condenada a muitos anos de prisão, em idade de se aposentar, que se orgulhava de ser capaz, após um ano de esforços que consentira em fazer depois de libertada, de pegar o ônibus sozinha. Em geral, é notável que essas pessoas devam reaprender a se desligar do que o sociólogo Erwin Goffman chama de "estigmas" do enclausuramento, dos quais não poderiam escapar ilesas após um período de confinamento na prisão, e isso é tanto mais verdadeiro quanto mais este período é longo. Se, portanto, trabalho e alojamento se apresentam como as condições necessárias para uma reinserção promissora ou bem-sucedida, eles não poderiam, no entanto, bastar, longe disso, para a readaptação social dos detentos, na ausência do exercício de um acompanhamento global, com múltiplas facetas.

Claro, é possível enfatizar que existem várias categorias de prisioneiros. Se uma pena de prisão de cinco anos já tem graves consequências, um condenado a dez ou vinte anos de prisão se verá afetado pelos efeitos duradouros ou incomensuráveis de ordem física e psíquica, sem falar das implicações infinitas que ele certamente conhecerá em sua vida familiar, relacional ou social, sentimental, sexual, profissional etc.

É impressionante constatar que, geralmente, os detentos vão primeiro experimentar um sentimento de abandono no ambiente – pela família, pelos parentes próximos, pelo cônjuge ou companheira, pelos filhos –, uma falta de autoconfiança, por vezes medo de estar do lado de fora, ou um problema de readaptação social – por exemplo, diante da evolução do dinheiro, ou diante da velocidade das transformações tecnológicas. Podem também experimentar distúrbios fisiológicos ou somáticos causados diretamente pelo encarceramento, como os distúrbios visuais causados pela falta de percepção da linha do horizonte apagada pela presença dos muros altos. Há também o risco de dificuldades relacionadas à necessidade de reaprender a andar na rua, de perda das referências espaço--temporais, já que muitos condenados, sobretudo a uma longa pena, perguntam constantemente qual é o dia da semana, associado a uma impressão de inutilidade ou de encarnar um rebotalho social, bem como o descrédito representado pela formação do antecedente criminal e pelo rótulo de "detento". O último risco é do que Vladimir Jankélévitch chama de "aniquilação da futurição e de sua dimensão de esperança". Conheci prisioneiros de duração muito longa que aspiravam, ao sair da detenção, retornar ao seu antigo local de vida ou reatar gradualmente o contato com próximos ou com membros de sua família que haviam perdido completamente de vista com o passar de muitos e muitos anos. É por isso que, aliás, quanto ao uso da terminologia, prefiro antes as palavras reinserção ou ressocialização, mesmo em relação às pessoas condenadas a uma longa pena de prisão, embora se possa debater este uso. A razão essencial é porque parto da ideia de que uma pessoa, mesmo carenciada ou desestruturada em seu percurso existencial, tem necessariamente uma história, uma inscrição no tecido social, uma narrativa de vida a fazer. Em suma, não há qualquer indivíduo que não tenha ligação com o mundo real, bem como nenhum que não tenha direito a reencontrar o lugar que é o seu, no seio da coletividade. Por outro lado, acrescento que, quando entramos concretamente na intimidade das pessoas encarceradas, constatamos a que ponto fatores de ordem principalmente social determinaram ou influenciaram as escolhas de vida dessas pessoas.

Os termos reinserção ou ressocialização sugerem, pois, o fato de que as pessoas têm um passado, uma ancoragem, por mais instável ou atípica que seja, no real, que elas não partem de nada (o *ex nihilo* é aqui um engodo), que há, se posso dizer, já um começado em todo começo, um legado familiar ou educativo, por exemplo.

Com a prisão, o problema, para Michel Foucault, em um plano menos prático do que filosófico, é não apenas sua ideologia, mas sua própria existência e o fato de que já assistíamos ao movimento de sua externalização, essa observação é efetivamente muito nítida no texto de sua conferência em Quebec, de 1976. Por processo de externalização, trata-se de entender o fato de se desenvolverem maciçamente hoje outras formas de prisão sem a detenção tradicional, o fato de a prisão "se propagar", por assim dizer, para o exterior, e se espalhar na vida livre. Michel Foucault evoca aqui o caso exemplar da aparição das condenações ao encarceramento, acompanhado de um *sursis* com ou sem liberdade condicional, como modalidades de instauração de um enclausuramento do lado de fora. Nesse sentido, a liberdade condicional se apresenta com uma espécie de exportação da prisão em meio aberto, como a instauração de uma detenção a céu aberto. Para o autor de *Vigiar e punir*, as obrigações e as interdições que são pronunciadas e aplicadas penalmente em meio livre marcam a tendência à deportação do dispositivo de encarceramento, como técnica de "sequestro do corpo", para o espaço comum, uma vez que é efetivamente em nome delas que se tornou possível o desdobramento das medidas alternativas ao encarceramento. De maneira geral, na e pela "alternativa", convém entender os instrumentos do deslocamento e da excrescência da vigilância fora dos muros da prisão ordinária, o que define o caráter singularmente coextensivo da prisão no meio aberto.

Em relação ao emprego de uma terminologia particular, costuma-se utilizar as palavras inclusão e exclusão em situações precisas, parece-me muitas vezes útil reservar o primeiro termo às penalidades do meio aberto e o segundo às medidas de encarceramento, a fim de distinguir melhor conceitualmente e de caracterizar melhor na prática a diferença dos lugares do exercício da punição ou da vigilância. De forma que, para mim, se a exclusão remete ao caráter ablativo ou definitivo da prisão, ao gesto do banimento para o antimundo carcerário e às consequências da dessocialização, a inclusão, quanto a ela, se remete muito mais ao exercício de uma vigilância generalizada das populações ou de um controle sobre os indivíduos no próprio coração da comunidade, cuja colocação sob vigilância eletrônica constitui um poderoso avatar. Neste caso, as penas inclusivas são menos ablativas do que oblativas, uma vez que acarretam a adesão e mesmo a participação do indivíduo na boa execução de sua condenação. É evidente que a pessoa colocada sob vigilância eletrônica deve consentir no uso constante da tornozeleira sobre seu corpo, e em ser o veículo de sua própria vigilância. No entanto, embora a oposição entre os dois conceitos seja intelectualmente esclarecedora e operatória, convém matizá-la quando se trata de aplicá-la ao campo prático: com efeito, é comum constatar o entrelaçamento, em níveis diversos, da inclusão e da exclusão, pois pode acontecer de o detento aderir ou se adaptar à sua pena de prisão a ponto de temer sua saída, e de o portador da tornozeleira também conhecer uma atmosfera de tensão e uma série de rupturas profundas em relação à vida social ou familiar, quando, por exemplo, a parceira da pessoa sob vigilância se torna uma engrenagem do controle monitorando-o constantemente, lembrando-o da exigência de respeitar o horário, pedindo-lhe que justifique seus atrasos.

Michel Foucault observa que as medidas alternativas ao encarceramento se constituem como meios de adiar e de difratar o enclausuramento, de combiná-lo com o lado de fora, de criar penas mistas. Portanto, a utilidade desses meios reside no fato, segundo ele, de permitirem assegurar e alargar, tanto para a maioria dos indivíduos quanto espacialmente, as funções carcerárias propriamente reservadas à prisão. Para bem compreendê-lo, é importante não perder de vista que Michel Foucault tem uma leitura de nossa sociedade como sendo, em boa parte, particularmente disciplinar, isto é, que ela visa, sobretudo, a normalização dos pensamentos e das condutas, o que implica, segundo ele, a implementação e o desenvolvimento de uma variedade de técnicas de correção, de punição, de coerção, no próprio seio da coletividade, o mais próximo dos corpos, a fim de produzir transformações, condicionamentos, resignações.

É importante destacar que, se o prisioneiro se apresenta como o que poderíamos chamar um "devedor", no sentido de aparecer em dívida para com a sociedade, sua dívida se paga com o sequestro do seu corpo, com uma monetização que se realiza sob a forma de uma doação de sua pessoa, ou melhor, da prestação de seu tempo vital, já que o prisioneiro deve uma certa quantidade de tempo (o famoso quantum da pena) à instituição punitiva que o condenou em nome do corpo social e, consequentemente, com sua fixação em um aparelho de correção. Esta é, segundo o filósofo, a especificidade das estruturas clássicas de normalização (prisão, escola, caserna, fábricas etc.). E o mesmo ocorre com os condenados acompanhados em meio aberto, no lado de fora dos estabelecimentos penitenciários. Com efeito, um condenado a uma pena de liberdade condicional, que na França é chamado um condenado em período de liberdade condicional [un probationnaire], e que está sob a responsabilidade de um serviço penitenciário de inserção e de liberdade condicional, não está menos sujeito a saldar sua dívida ao se ver impedido por toda uma série de obrigações e de interdições, por certo número de medidas destinadas a garantir seu controle, de forma que também ele está imobilizado, retido, dependente de uma vigilância parametrizada e espacializada, obrigado a prestar contas. Uma liberdade condicional nada mais é do que o prolongamento da detenção na vida livre, pois o condenado é levado a consentir na restrição do seu campo de liberdades, na redução do seu raio de ação livre, no abandono do exercício de seus direitos fundamentais como os de se deslocar, de frequentar livremente as pessoas, de ter direito à privacidade.

Desde 1976, o número de pessoas presas aumentou, assim como o número de pessoas sob controle judicial. A intuição de Foucault sobre o provável fim das prisões está errada, mas seu argumento sobre a prisão "em toda parte" e sobre o superencarceramento/supercontrole do tecido social parece muito correta. O que você acha?

As formas alternativas ao encarceramento são definidas por Michel Foucault, por ocasião de sua palestra de 1976, como o indício da disseminação de uma doença ou de um tumor maligno no seio da comunidade, como "uma forma de tecido canceroso, para além dos próprios muros da prisão". Tudo converge para indicar, segundo ele, que se trata de colocar, poderíamos dizer, sob perfusão punitiva, de corrigir ou de judicializar toda a sociedade, inoculando-a com a pretensa vacina da segurança, do bem-estar, do controle, em virtude da luta contra os ilegalismos e contra a instalação da anomia social.

Em suma, a velha instituição da prisão está sendo substituída, ou melhor, sendo subordinada – já que a prisão no entanto não desapareceu, você tem razão, ela até se fortaleceu desde o período dessa rica conferência de Michel Foucault – a um dispositivo de vigilância generalizada, a que chamo, em algumas de minhas obras, ora de hipervigilância, ora de pantopia penal, para caracterizar em particular, por um lado, sua propagação no conjunto dos meandros e interstícios do corpo social e, por outro, essa espécie de atrofia social, a perda da confiança no futuro e nos outros, e o empobrecimento dos laços interpessoais decorrentes. Por sua vez, Michel Foucault evoca, em sua palestra, a ideia de um "superpoder carcerário" justamente para sublinhar o movimento de subordinação do ambiente livre à prisão, como se esta fosse gradativamente se sobrepondo àquela.

Com o advento das medidas alternativas ao encarceramento, podemos falar da emergência de um progresso penal e concluir pelo abandono do modelo carcerário clássico? De acordo com essa conferência, na implementação dos métodos alternativos, Michel Foucault não percebe nada melhor, nem pior, portanto, nem uma melhora, nem um agravamento das penalidades, mas uma espécie de *statu quo* ou uma forma de redundância de ordem penal, como se afinal se fizesse a mesma coisa na diferença aparente, em todo caso um prolongamento da forma carcerária. Só que o que agora caracteriza, segundo ele, tal prolongamento é a maleabilidade do seu funcionamento, ou seja, sua elasticidade, isto é, sobretudo sua adaptabilidade à evolução tecnológica, demográfica e ética de nossa sociedade ocidental, e depois sua "liquidez", no sentido daquilo que o sociólogo Zygmunt Bauman coloca sob a expressão "mundo líquido" para qualificar os mecanismos de deterioração dos laços sociais e de rejeição do outro. Para o filósofo, basicamente, "trata-se sempre de variações sobre um mesmo tema", de formas "iterativas" em relação à prisão clássica.

A vigilância eletrônica participa dessas medidas alternativas ao encarceramento. Do que se trata? Por que se opor a ela?

Originária do continente americano, a vigilância eletrônica, que na França, a partir da Lei n. 97-1159 de 19 de dezembro de 1997, é chamada "colocação sob vigilância eletrônica" [placement sous surveillance *électronique*

(PSE)], nasceu da vontade do legislador de criar uma nova modalidade de execução de uma pena de encarceramento, fora dos estabelecimentos penitenciários. Ela implica, para o condenado, na obrigação de cumprir sua pena de prisão em seu domicílio, em sua casa ou na casa de um membro da sua família, ou ainda em um alojamento que não pertença à administração penitenciária, e implica, portanto, na sua adesão a uma medida cuja particularidade é exigir uma colocação sob custódia até fora das prisões. Como foi por muito tempo aplicada às pessoas que deviam purgar uma pena inferior ou igual a dois anos de encarceramento, mas sob a condição jurídica de que não estivessem na condição de reincidência legal – caso contrário, tratando-se da outorga de uma redução da pena, o *quantum* ou o resto da pena volta a ser de um ano –, conclui-se que ela se dirige sobretudo à pequena e à média delinquência e, *a fortiori*, à maioria dos condenados. Ressalte-se que, sob o efeito da aplicação da lei de 23 de março de 2019, que entrou em vigor, na França, em 24 de março de 2020, a colocação sob vigilância eletrônica acabou sendo rebatizada de "detenção domiciliar sob vigilância eletrônica", e que, para o condenado ter direito a esse dispositivo, o *quantum* da pena que ele deve cumprir ou que ainda falta cumprir não deve exceder um ano. Ao longo dos anos, essa medida singular diversificou-se significativamente, uma vez que, embora ainda seja utilizada sobretudo como dispositivo de redução da pena, é possível agora recorrer a ela para a implementação de medidas pré-sentenciais, que são pronunciadas contra pessoas citadas diante de um tribunal – que ainda não foram julgadas e que, desse modo, são, em direito, presumidas inocentes, e isso sob a modalidade da "prisão domiciliar sob vigilância eletrônica" [l'assignation à résidence sous surveillance électronique (ARSE)] –, associando-as, se necessário, a um controle judicial. Além disso, subsequente à criação e ao desenvolvimento de medidas de segurança, um dispositivo de vigilância da mobilidade individual surgiu dentro do arsenal judicial repressivo, na forma da colocação sob vigilância eletrônica móvel [placement sous surveillance électronique mobile (PSEM)] no caso pós-sentencial, e na forma de prisão domiciliar sob vigilância eletrônica móvel [l'assignation à résidence sous surveillance électronique mobile (ARSEM)] no caso pré-sentencial. Embora todos esses dispositivos tenham suas particularidades próprias e seja especialmente importante não os confundir, como muitos pesquisadores distantes da prática da aplicação das penas o fazem de maneira desajeitada, não entrarei aqui, se você concordar, nos detalhes de suas comparações e de suas diferenças, mas tentarei relembrar as armadilhas, os obstáculos, o avesso do sistema da vigilância eletrônica tanto em seus princípios quanto em suas aplicações práticas. Na verdade, é surpreendente constatar que a vigilância eletrônica penal, como um dispositivo geral de fixação do condenado em seu domicílio ou em seu local de alojamento, com períodos e horários de interdição de sair de sua residência, traz problemas terríveis quanto à observação do direito fundamental, ao respeito da dignidade humana, à configuração da arquitetura punitiva e à questão relacional, interpessoal e societal. Indo direto ao ponto, é sem dúvida útil observar que a vigilância eletrônica tem, sobretudo, as seguintes consequências:

- introduzir uma dimensão de barreira nos espaços abertos, tornar o ato do encarceramento coextensivo à vida livre;

- fazer de um lugar inalienável, como o domicílio protegido, no entanto pelo conjunto dos textos relativos ao direito fundamental e ao direito civil, um espaço de execução da pena, uma forma de prisão, um habitat de sofrimento, uma forma de abolir as linhas habituais de demarcação entre esfera pública e esfera privada, delinquência e não delinquência, de transformar o território pessoal em uma sucursal de um estabelecimento penitenciário;

- permitir à instituição penal, com base na aplicação da redução da pena, arrogar-se o direito extraordinário de se instalar na casa (*domus*) do condenado, e em seu próprio corpo, 24 horas por dia, de arruinar a dimensão do direito à intimidade no próprio interior da habitação pessoal, no seio da vida privada;

• ter uma influência duradoura sobre o julgamento, o gosto, a psique, a diacronia, o humor dos portadores da tornozeleira eletrônica, afetar sorrateiramente, e se for o caso, seu estado de saúde pela geração de um estresse visceral diário, com repercussões em sua atividade profissional e em sua vida familiar, favorecer as disputas e as rupturas quando o parceiro ou o membro da família participa do regime de vigilância cobrando da pessoa os atrasos ou os disparos dos alarmes, negar ou mascarar a realidade do sofrimento dessas pessoas dissimulando-o pela ocultação, por trás dos olhares, na sua vida interior;

• produzir, para além do simples movimento de normalização, efeitos de despersonalização, de dessubjetivação e de desautonomização nas pessoas colocadas sob o dispositivo de vigilância;

• substituir projetos cheios de sentido e apoiados por uma assistência educacional e humana por um enquadramento mecânico e tecnológico, baseado em trocas essencialmente estereotipadas, desencarnadas, básicas, circulares, algorítmicas;

• buscar supostamente a objetivação de uma subjetividade, a espacialização de uma temporalidade, a geometrização do espírito de fineza, a medição ou a quantificação do sentimento de existir, ou seja, a programação do vivido, a homogeneização da duração vital (no sentido de Bergson), a redução da vida interior à insípida automaticidade dos relógios, a submissão da existência qualitativa a um sistema de ordem, de cálculo e de rastreabilidade operado por outra coisa, ou seja, uma instância exterior de controle e de escrutínio, e experimentado como uma alienação, a assimilação da subjetividade à monótona sucessão dos dias e à repetição mecânica de uma vida reduzida ao nível "computacional" de *inputs e outputs*;

• reconfigurar os muros da prisão invertendo a relação arquitetural substancial entre a estrutura (o estabelecimento, o espaço) e o estado (a dimensão afetiva, psicológica e relacional), visto que se, na detenção *stricto sensu*, o sentimento do enclausuramento (o estado) nasce do confinamento no recinto (a estrutura), verifica-se que, em ambiente aberto, o fato de ser colocado em detenção domiciliar sob vigilância eletrônica e de ser submetido ou ordenado a uma exigência de rastreabilidade (isto é, o sentimento de ser vigiado diariamente e de ter de prestar contas o tempo todo fazendo eco ao afeto) leva ao reaparecimento dos muros carcerários em si e ao redor de si (a estrutura);

• impor contra o portador, ao parametrizar seu espaço de percurso e ao cronometrar seu tempo de deslocamento, uma gesticulação permanente, uma perda de fôlego devastadora, uma espécie de travessia dos territórios sem poder descobri-los ou vê-los, uma sensação de nunca estar onde é preciso estar nem na hora certa, uma existência na modalidade cotidiana do atraso e da velocidade insignificante e vazia;

• fazer voar em pedaços a diferença fundamental entre o dentro e o fora – já que agora tanto faz dizer "estar na cela em sua casa" e "a prisão é domiciliar" – entre espaço relativo e espaço absoluto, entre estética (no sentido etimológico da *aisthesis* do sujeito) e ontologia (no sentido das condições materiais e ambientais do ser), dado que "é esta constante sobreposição entre a estrutura e o estado, o estado e a estrutura, que, sem anulá-la, tende a encobrir ou a tornar vaga a demarcação entre o dentro da prisão e o fora da colocação sob vigilância eletrônica. Por causa da arquitetura imponente da prisão e do vazio que a cerca, o detento acaba adquirindo hábitos fúteis, focando sua atenção em momentos ou em objetos sem importância, enrijecendo-se com o barulho ou se obcecando por refeições, por exemplo [...]. Em contrapartida, por causa do fluxo contínuo do movimento, do estresse e da aceleração do tempo, a atenção de quem está sob vigilância eletrônica tende a se dispersar no ambiente, a se apagar no entorno, a se dissipar no transcorrer do desenvolvimento de suas experiências imersivas dentro da teia da hipervigilância. A condição de existência e os estados psicológicos de quem porta a tornozeleira eletrônica são de tal ordem que ele passa a se observar e a conter seus passos dentro de uma forma carcerária que ele próprio reconfigura. Na prisão, devido à 'perda' do mundo, o detento só se experimenta como um eu vazio; colocado sob vigilância eletrônica, por causa de sua afobação e do desvio ou do esquecimento de si mesmo, o portador da tornozeleira sente que está simplesmente diante de um mundo pobre";

• combinar a detenção clássica do ambiente fechado com uma nova forma carcerária específica ao meio aberto, alargar o campo da realidade carcerária ao em-comum, associar ao sepulcro dos recintos penitenciários a atividade da onda da vigilância, cuja particularidade é se propagar na velocidade da luz, percorrer espaços indefinidos, atravessar os materiais mais duros, tornar tendencialmente comuns o habitat-ecúmeno e o habitat-residência e, portanto, aprisionar assintoticamente toda a sociedade, "a ponto de a propriedade de uma vigilância 'feita' para o delinquente e a qualidade do cidadão 'feito' para a vigilância tornarem-se cada vez mais indistintas".

O tema da gestão diferencial dos ilegalismos é central em Foucault. Ele faz o elo entre Vigiar e punir *(1975) e a conferência sobre alternativas à prisão (1976), e está na base das recriminações de Foucault em relação ao Estado penal. O que podemos dizer sobre isso?*

O que subtende o pensamento foucaultiano dos ilegalismos é a questão de saber se a prisão está prometida ou não a desaparecer, ou, ao contrário, se está destinada a ser recuperada ou mantida sob outros aspectos penais. Para responder a esta pergunta, Michel Foucault coloca, em primeiro lugar, durante essa conferência, um problema fundamental, ou seja, o de saber como compreender o fato de a prisão ter perdurado como instituição penal principal, como rainha das punições, desde sua criação no final da Revolução francesa e até os dias de hoje, e isso apesar das críticas radicais a que foi submetida a partir dos primeiros anos após sua experimentação. Como então analisar esse paradoxo? Para além de sua brutalidade e de seu fracasso em prevenir a reincidência e proteger a coletividade, não haveria ainda assim uma utilidade para a prisão? A hipótese de trabalho de Michel Foucault consiste em se perguntar se, *in fine*, a prisão não pretende, ao contrário das operações de comunicação e de exibição de ordem política, legislativa e midiática, manter a delinquência no momento mesmo em que almeja neutralizá-

-la, desenvolver os ilegalismos, ainda que pretenda, como expressão das políticas penais, se obrigar a reprimir os delitos e os crimes, a eliminar o flagelo infracional. Sua hipótese não poderia ser mais subversiva, até mesmo escandalosa, porque acusa as políticas penais de estarem na origem da fabricação da delinquência e da multiplicação das condenações, para delas tirar um proveito: com efeito, longe de se constituir apenas como o conjunto das regras e das práticas destinadas a lutar contra as ilegalidades, longe, portanto, de se contentar em prever e em reprimir as infrações, as políticas penais seriam, ao mesmo tempo e sobretudo, o instrumento ideal que favorece o exercício do poder, o desenvolvimento das normas e a internalização da coerção. Em outras palavras, sob o pretexto de garantir o interesse geral, Michel Foucault se pergunta se as políticas penais não serviriam, na realidade, às formas atuais do poder, à perpetuação do próprio poder estabelecido. Segundo esse esquema de pensamento, o resultado do exercício do poder é que punir penalmente significa, no fundo, não buscar indefectivelmente erradicar as transgressões e garantir a paz social, mas garantir a organização e o funcionamento da sociedade para o benefício de uns e em detrimento de outros, permitir a instauração e a aceitação de leis liberticidas, conquistar a opinião pública, pela exploração do medo do crime, às medidas que não poderiam ser mais securitárias, policialescas e restritivas em termos do exercício dos direitos individuais fundamentais, produzir efeitos de auto-observação de si mesmo e mudanças nas atitudes individuais que vão no sentido da normalização global. A prisão aparece aqui, mais do que nunca e por excelência, como a fábrica institucional dos ilegalismos, isto é, no mínimo, como condição e lugar tanto para o reforço da delinquência como para a inauguração de novas formas de controle social.

Podemos pensar que a atual racionalidade penal marcada pela multiplicação das penas alternativas se impregna de uma razão imunitária, *como sugere Alain Brossat?*[30] Podemos refletir sobre o estado, sobre a evolução, sobre as características, sobre um instante t, da instituição carcerária, a partir da atual "sensibilidade imunitária", e da "racionalidade penal" daí resultante. O advento da prisão é o sinal ou mesmo a prova de um progresso significativo de nossa sociedade ocidental? Como compreender a atual modalidade punitiva carcerária, dentro do que Norbert *Élias* chamou de "progresso da civilização", o desenvolvimento dos "bons costumes"? Para fornecer caminhos de análise a essa questão, o recurso à noção de sensibilidade imunitária pode, de fato, ser esclarecedor.

---

30 BROSSAT, A. *La démocratie immunitaire.* Paris: La Dispute, 2003. Cf. tb. *Éloge au pilori: Considérations intempestives sur les arts de punir* – Entretien avec Tony Ferri. Paris: Harmattan, 2015.

Como essa noção perpassa a obra de Alain Brossat, terei prazer em citá-lo aqui. Mas, primeiro, perguntemos: o que é uma sensibilidade imunitária? Isso deve ser entendido como a emergência e o desenvolvimento de uma nova etapa, baseada no surgimento de seu caráter voluntariamente imunitário, na construção da sensibilidade, da afetividade, do olhar de nossos contemporâneos sobre a situação política ou moral de nosso tempo. Aplicada ao campo penológico ou criminológico, essa sensibilidade se traduz no fato de a prisão encontrar uma recepção, afinal, bastante favorável no seio da opinião pública e dos políticos, porque é percebida como mais respeitadora dos direitos humanos, como mais conforme à observação da dignidade da pessoa, como aparentemente mais diligente, se a compararmos com a pena de morte, com os suplícios do passado, com os derramamentos de sangue de todos os tipos. Em nome do princípio imunitário, a prisão não deixa, portanto, de se desenvolver e de se consolidar no plano institucional, porque aparece mais em consonância com as expectativas e as preocupações éticas e protetoras de hoje, porque parece ser, por assim dizer, política ou socialmente, de "melhor gosto" para as pessoas bem-educadas, ou seja, porque parece expressar um progresso civilizatório. O anúncio dessa sensibilidade imunitária apresenta ainda outro interesse, quando se considera que ela permite, ao mesmo tempo, criar uma boa consciência, pois estamos supostamente fazendo melhor do que antes e melhor do que os outros, visto que a pena de morte foi abolida e que os sofrimentos aflitivos ou degradantes, como as chicotadas, conheceram um acentuado recuo na economia do poder de punir contemporâneo, no interior de nossas sociedades democráticas, dopadas, pelo menos no plano comunicacional, de humanismo dos direitos humanos.

O grave inconveniente dessa aparelhagem imunitária, fiadora de nossa boa consciência irrepreensível e de nossa reputação, derrogatória ao fato de se fazer as perguntas certas ou de ver um pouco mais de perto o que realmente acontece nos estabelecimentos penitenciários, e protetora contra os agitadores da moralidade ou aqueles que exibem escrúpulos, reside no fato de que nos impede de perceber o avesso da situação carcerária, nos engessa não só na esclerose analítica, mas também na aceitação e no fortalecimento do sistema em vigor. Para mostrar os eventuais pontos de convergência em relação aos diferentes dispositivos históricos de sanção, para deixar apreender como se insinuam uma forma de retorno dele ou uma diferença bastante relativa na maneira de punir, recorro muitas vezes ao uso de uma analogia, a saber, que a vigilância eletrônica é para a prisão o que a prisão é para a pena de morte. Embora não possamos senão nos regozijar com a abolição da pena de morte, não é evidente que a instauração da prisão como pena tenha permitido ultrapassar uma etapa civilizacional tão decisiva na direção de mais moralidade e menos sofrimento. Não é porque a punição carcerária se oferece como mais "limpa" para o corpo e para nossos olhos afáveis, como menos sangrenta no teatro acolhedor ou hipócrita das emoções, que ela não carrega consigo todo seu cortejo de potência tanatológica, todos esses indícios de um obscurantismo de boa reputação pertencente ao mundo antigo, um funcionamento retrógrado tanto mais inquietante quanto se apresenta como limpinho e afetado. A esse respeito, em um diálogo publicado com Alain Brossat, eis o que este afirma: "Os contemporâneos da prisão penitenciária, aqueles que a veem como o desembocar e o ponto de condensação natural de todas as penalidades, não percebem a relação que se estabelece entre a condição imunitária do sujeito moderno, em nossas sociedades, e este, digamos, 'carcerocentrismo' do qual não saímos. Não compreendem a congruência ou a adequação que se estabelece 'muito naturalmente' entre um regime geral de sensibilidades em que prevalece a aversão crescente às formas de violência viva, às penas espetacularmente aflitivas (aos maus tratos dos corpos e ao derramamento de sangue) e a prisão penitenciária que, como lugar de banimento e espaço punitivo, em que os corpos não são abertamente machucados, poupa as sensibilidades. [...] Esse tipo de 'harmonia preestabelecida' imposta sub-repticiamente, dissimuladamente, entre a condição imunitária geral que prevalece em nossas democracias e a prisão penitenciária – é exatamente isso que temos de trabalhar incansavelmente para desconstruir". E acrescenta: "Não são os corpos banidos, nem os detentos em geral que a prisão penitenciária 'poupa' – é a sensibilidade do público imunitário que pensa poder dormir tranquilo dizendo a si mesmo que, 'em nosso país', os dispositivos punitivos e as sanções penais não aviltam visivelmente os corpos, saíram da órbita desses tratamentos bárbaros que consistem em derramar sangue (as degolas jihadistas), em atormentar e torturar (Abou Ghraib), em aterrorizar e exterminar em campos (de Guantánamo ao *laogai* chinês) etc.". Mas o ponto mais decisivo levantado por Alain Brossat sobre esse tema é, em minha opinião, a questão do que ele chama de distração, no sentido não da diversão, mas do desvio do olhar, do gesto de descaso passavelmente consentido: "É fácil constatar que esse compromisso se baseia nessa forma muito particular (e de época) de mentira coletiva que é chamada de distração; essa espécie de ausência infinita que se apodera de um sujeito individual ou coletivo quando ele evita tomar conhecimento daquilo que só pode entrar em violenta colisão com aquilo que o constitui como um 'civilizado'. A experiência da distração coletiva da população francesa diante do destino dos judeus durante a Segunda Guerra mundial nos instrui porque existe ali uma faculdade bastante negativa que é propriamente infinita, inesgotável. Algo que ainda experimentamos hoje, com os imigrantes que se afogam no Mediterrâneo. Sabemos muito bem tudo o que, decididamente, não queremos saber – isso é a distração –, ou seja, que essas 'tragédias' são o efeito de uma política, a dos governos europeus de hoje, sabemos que não ajudar uma pessoa em perigo é um delito (um crime?), mas que, neste caso, sendo praticada em uma escala de massa, e por governantes, ela se transforma, em um passe de mágica, em precaução política inspirada pelo interesse nacional". E para concluir sobre os efeitos da distração, vinculando-a à prisão: "Isso se aplica exatamente à nossa relação com a prisão hoje; só um regime de perpétua distração permite a um sujeito qualquer da democracia imunitária considerar sua perpetuação compatível com seus 'valores' e, menos enfaticamente, com as normas da vida 'civilizada' da qual ele pretende ser uma personificação. Ele sabe que a detenção é aflitiva e a detenção prolongada destrutiva, ele ouviu falar vagamente desses condenados a penas intermináveis que, em vez de continuarem definhando em uma central, exigiram ser condenados à morte, em caráter 'humanitário', ele não pode não saber que nas prisões francesas (como em quase todas as outras ao redor do mundo), as pessoas são violentadas, espancadas e extorquidas, ele sabe que em muitas delas coabita-se com ratos e baratas, que se treme de frio no inverno e se apodrece de calor no verão, sabe que a única escolha é fazer amor nas condições mais degradantes possíveis, durante as visitas íntimas – ele sabe de tudo isso e de muitas outras coisas que atestam que a prisão é para a vida social o que o desmanche é para a indústria automobilística – mas o que importa – a partir do momento em que não há banhos de sangue, a tortura não é rotineira, a guilhotina não impera mais nos pátios dos presídios".

O que você acha do projeto de lei StopCovid?[31]

O problema representado pela propagação do coronavírus (covid-19) e a forma como nossos governos o administram oferecem uma ilustração das condições ideais de aceitação e de aplicação pela variedade desse tipo de dispositivos, como os relacionados ao *tracking* e à geolocalização. A esse respeito, Gilles Deleuze e Michel Foucault explicam que uma das particularidades marcantes da vigilância generalizada, da maneira como tende a

---

31 No contexto da pandemia, o governo francês considera a adoção de uma lei chamada "StopCovid" com a finalidade de desenvolver um aplicativo que poderia limitar a propagação do vírus, identificando cadeias de transmissão. Isso permitiria o uso da tecnologia de *contact tracing* que consiste em alertar anonimamente, via *Bluetooth*, todas as pessoas que estiveram em contato prolongado com indivíduos doentes.

se instalar, assim como quem não quer nada, em nossas sociedades, advém justamente da participação, ativa ou passiva, da maioria dos membros do coletivo nessa sujeição em massa. Em outras palavras, a melhor forma de colonizar o cotidiano das pessoas com mecanismos de controle reforçado e global consiste em solicitar não apenas sua aprovação, mas sua contribuição ativa. E, para tanto, a exploração do "medo da morte" se apresenta como uma estratégia de poder muito eficaz.

Como você sabe, um dos pais da política moderna, refiro-me a Nicolau Maquiavel, mostrou claramente o lugar e o papel das paixões humanas na capacidade de governar, de manipular e de abater os homens: nesse ponto, o medo da morte ocupa nitidamente um lugar privilegiado (em La Boétie, Montaigne, Hobbes e também em Foucault), a ponto de ter a particularidade, como expõe o autor, de fazer hesitar a criatura que se apresenta, no entanto, como mais indócil ou recalcitrante do que o próprio asno, de aplainar todas as veleidades humanas e de fazer com que os mais ferrenhos oponentes concordem. Existem passagens truculentas em *O Príncipe*, em que Maquiavel relata suas análises não a partir de ficções, e sim da observação minuciosa das técnicas eficazes de governo e do seu convívio com monarcas. Em *Leviatã*, Thomas Hobbes insiste que o medo da morte e o gosto pelo conforto são precisamente as principais paixões que dispõem melhor os homens a obedecer, pouco importando o preço.

Embora, evidentemente, precisemos ser prudentes diante do que chamam de crises (é o velho princípio da precaução que obriga), os "grandes" filósofos que encontramos nos livros não deixam de apoiar, no entanto, baseados em suas experiências e em sua sagacidade, a ideia de que é importante manter uma reflexão crítica e inquieta diante dos acontecimentos funestos que surgem, apesar de seu caráter odioso ou amedrontador. E o que pensar da gestão desse singular episódio do coronavírus pelas autoridades midiática e política, algumas das quais se reúnem para conjecturar que muitas vezes avançam de mãos dadas? Não há razão para pensar que, para além das implicações econômicas do evento (ou do que se escolhe destacar para transformar em evento), suas consequências serão decisivas e mesmo incisivas, em matéria política e social, que provavelmente serão traduzidas no fortalecimento das técnicas de hipervigilância, pela instauração de novas disposições liberticidas duradouras sob o pretexto do sacrossanto princípio do estado de emergência (que todos aceitarão como salutar), por uma nova degradação da legislação trabalhista etc., em um momento em que será tarde demais para a coletividade, a menos que se dê conta disso antes, reagir? Pois é bem possível que, depois de retirados da prisão onde nossa saúde exige que nos escondamos, algumas nuvens logo surjam no céu, e que já percebamos alguns raios distantes anunciando a tempestade. Como sugeriu um velho conhecido, em tom de brincadeira, depois de termos sido "con-finados", é grande o risco de sermos "con-finis"*.

Na França, os discursos lisonjeiros sobre os profissionais da saúde não podem ocultar o uso de gases e os espancamentos desses mesmos profissionais durante a luta contra a reforma previdenciária. O nó muitas vezes está nos interesses do poder, em função dos momentos e das necessidades, segundo mecanismos que lhe são consubstanciais. Também neste ponto, Hobbes dá sua contribuição, e mostra, no mesmo texto citado, como, em matéria política, a eloquência (que passa por sabedoria) e a lisonja (que passa por bondade) são antigas técnicas de governar os homens destinadas a ganhar confiança e obediência.

É evidente que é apenas um questionamento sobre as consequências que parecem ou que podem nos atingir. Portanto, vamos nos proteger sim, mas com a condição de não cairmos na arapuca, a história da política dos homens está, como sabemos, recheada dessas armadilhas. Portanto, permaneçamos circunspectos ou prudentes diante das evoluções daquilo que o filósofo Gilles Deleuze chamou a sociedade de controle, e diante das degradações que essas evoluções implicam gradualmente nas

---

* O verbo "confinar" deriva da junção do prefixo latino *con* (conjuntamente, coisa compartilhada, encontro) e do substantivo *finis* (limite, fronteira), sendo seu significado original: que compartilha, que constrói um limite, uma fronteira comum [N.T.].

liberdades individuais fundamentais, um pouco como o fenômeno da erosão, aqui institucional e societal. Talvez também seja essencial para todos nós que tentemos nos libertar minimamente desse medo congênito da morte, e tirar algumas lições poderosas das filosofias gregas e romanas, ali onde a morte se tornou, em nossas latitudes, um tabu que amedronta até mesmo o mais temerário de nossos congêneres e onde o medo de sua iminência faz vacilar a lucidez.

Como conclusão, permita-me apresentar para uma releitura o texto do filósofo inglês citado mais acima, que muitas vezes gosto de reler e de meditar:

A ignorância das causas e da constituição originária do direito, da equidade, da lei e da justiça faz com que as pessoas transformem o costume e o exemplo na regra de suas ações, de tal modo que pensam que uma coisa é injusta, quando punida pelo costume, e que uma coisa é justa quando podem mostrar pelo exemplo que ela não é punível e que a aprovam [...]. São como crianças pequenas que não têm outra regra das boas e das más maneiras que a correção infligida por seus pais e por seus professores, exceto que as crianças respeitam constantemente tais regras, o que os adultos não fazem porque, tendo se tornado fortes e obstinados, apelam do costume à razão, e da razão ao costume, conforme lhes convêm, afastando-se do costume quando seu interesse o exige e combatendo a razão sempre que ela se opõe a eles.

"O que é um ilegalismo?"

Entrevista com Anthony Friendly[33]

O pensamento de Foucault é convocado em várias disciplinas, embora ele não seja o pai de nenhuma delas: ciência política, comunicação, serviço social, sexologia, direito, psicologia etc. Qual é a contribuição de Foucault para a criminologia nos planos teórico, ideológico, epistemológico?

A contribuição é múltipla. A principal delas está ligada à metáfora da "caixa de ferramentas", ou seja, ao seu convite para garimpar entre os muitos conceitos que ele mesmo forjou, e isso apesar do risco de mobilizar noções sem se preocupar com a cadeia conceitual

---

33 Anthony Amicelle é professor na École de criminologie da Universidade de Montreal. Membro do Centre international de criminologie comparée, suas pesquisas abordam o dinheiro do crime.

à qual elas pertencem. No plano teórico, ele ofereceu então conceitos que podem esclarecer de maneira original algumas áreas específicas. Em criminologia, seu pensamento permitiu sobretudo questionar as noções de delinquência e de ilegalidade.

No plano ideológico, Foucault é muitas vezes apresentado como aquele que teria criado um cisma do ponto de vista das ideias, como destaca em suas memórias Denis Szabo, o fundador da École de criminologie da Universidade de Montreal. Os defensores da criminologia crítica, por exemplo, constatando que a justiça encarcera muito mais as pessoas das classes populares e não as elites financeiras e políticas, desejarão um giro do bastão da justiça. Porém, para Foucault, não se trata de girá-lo, e sim de quebrá-lo. Essa dimensão tem servido aos pesquisadores que defendem a abolição do sistema penal.

No plano epistemológico, sua contribuição está ligada à sua forma de estudar o crime e seu controle. É preciso saber que a disciplina não é tão obcecada pelo crime quanto pelo criminoso. É por isso que nesse plano encontramos inúmeros trabalhos sobre a passagem ao ato criminoso e sobre os comportamentos criminogênicos que fazem da delinquência uma substância, uma essência. Ora, Foucault chega com uma perspectiva relacional insistindo na importância das questões de categorização, de hierarquização, de designação de um comportamento transgressivo. Suas observações nos convidam a perceber em um mesmo movimento a posição social do autor de uma transgressão, as modalidades práticas dessa transgressão e as reações que ela provoca.

Foucault, ao contrário do que se possa pensar, não é contra toda forma de punição. Deseja, no entanto, que se faça uma reflexão determinando o que é aceitável e o que não é para não deixar à polícia ou aos juízes que endossam as decisões policiais o poder de determinar quais dessas ações e dessas pessoas serão judicializadas. Parece-me que, no plano epistemológico, Foucault teve o mérito de direcionar o olhar dos pesquisadores para o aspecto aleatório da manutenção da ordem e dos castigos dela decorrentes.

Sim. Ele também incentivou inúmeras discussões sobre a função da prisão e sua centralidade em relação à esfera penal, a reviravolta argumentativa de *Vigiar e punir* tendo marcado fortemente a disciplina. Foucault está agora interessado nas questões de segurança que ultrapassam as questões das sanções. Além do mais, seu pensamento infunde trabalhos que destacam o entrelaçamento de ferramentas, de leis, de tecnologias de controle e suas consequências.

Poderíamos pensar que depois de ter abordado o tema do nascimento da prisão e sua crítica com Vigiar e punir, *ele abordaria sua destituição na conferência realizada em Montreal. Embora considere a possibilidade do desaparecimento das prisões, suas observações são principalmente sobre o uso político do criminoso por meio da noção de ilegalismo mobilizada estrategicamente na conclusão desses dois textos a fim de sustentar suas observações. Ora, parece-me que dificilmente podemos apreender o aspecto político de seu pensamento sobre o governo dos indivíduos e das populações, se não compreendermos o significado desse termo ambíguo. Estranhamente, Foucault não o define. Portanto, cabe aos leitores a tarefa de encontrar seu significado. O que é um ilegalismo?*

Antes de definir o que é um ilegalismo, gostaria de mencionar que o menosprezo ou a impopularidade desse termo decorre em grande parte de um efeito de tradução. Encontramos na versão francesa de *Vigiar e punir* [Surveiller et punir] distinções entre *illégalisme* e *délinquance* e entre *illégalisme* e *illégalité*. Em contrapartida, em *Discipline and Punish*, esses dois últimos termos se fundem em uma mesma palavra: *illegalities*.

A noção de ilegalismo é de fato central e fecunda, mas como muitas noções em Foucault não está bem definida. Ele se contenta em definir as ocorrências de *ilegalismo de bens* e *ilegalismos de direitos*, nada mais. Portanto, persiste uma imprecisão sobre ao que se refere especificamente essa noção que os exegetas descrevem como um

112

"arranjo prático com a lei" para enfatizar que ela não é simplesmente sinônimo de ilegalidade.

Para definir um conceito, é necessário identificar o que é comum a todas suas manifestações. A definição sociológica do crime de Durkheim, por exemplo, refere-se a um comportamento pelo qual o autor pode ser sancionado com uma pena. No entanto, um ilegalismo não é isso. Quando refletimos sobre tudo o que pode ser comum à noção de ilegalismo, o primeiro elemento a reter é uma relação particular com a lei; a introdução de jogo em relação a ela – Grégory Salle[34] fala, aliás, de uma relação sutil com o direito. Introduzir um jogo com a lei significa estar às vezes do lado dela respeitando-a, mas também desviá-la, transgredi-la, contorná-la ou subutilizá-la. A noção de ilegalismo refere-se aos vários jogos possíveis e, portanto, à capacidade de jogar, com as regras legais por meio da exploração de suas lacunas.

Para definir essa noção mais especificamente, devemos, em um primeiro momento, lembrar que ela se refere à posição social de quem joga com a lei, a fim de destacar suas diferenças. Com efeito, existem ilegalismos populares (camponeses e operários) e ilegalismos privilegiados (nobres, burgueses, de Estado). Em um segundo momento, devemos lembrar que ela se refere às modali-

---

34 SALLE, G. & CHANTRAINE, G. Le droit emprisonné? Sociologie des usages sociaux du droit en prison. *Politix*, vol. 87, n. 3, 2009, p. 93-117.

dades práticas que vão além da posição social dos atores. Porque, como apontou Foucault, existem *ilegalismos de bens* e *ilegalismos de direitos*; ou seja, uma diferença entre os atos que jogam com a lei. Se ele deu a entender que os ilegalismos de bens são praticados quase exclusivamente por indivíduos pertencentes às categorias sociais modestas e que, ao contrário, os ilegalismos de direitos são praticados por indivíduos oriundos de classes sociais privilegiadas, podemos admitir que hoje, sem no entanto negar que as modalidades de ação diferem de acordo com as possibilidades oferecidas pela situação social que cada um ocupa, que os ilegalismos de direitos podem ser praticados por pessoas de diferentes classes sociais.

O interesse dessa noção reside no fato de que nos força a perceber que em cada regime político e em cada época, cada categoria social tem seu ou seus ilegalismos que estão integrados de maneiras diferentes na economia das sanções.

Em seu artigo: "Deux atitudes face au monde". La criminologie à l'épreuve des illégalismes financiers [Duas atitudes diante mundo". A criminologia à prova dos ilegalismos financeiros][35], *você destaca que os ilegalismos populares são indissociáveis do contexto econômico e das apreensões que caracterizam as diferentes épocas. Tendo*

---

35 *Cultures et conflits*, n. 94/95/96, p. 65-98.

em vista a afirmação de Marx sobre os furtos de madeira, podemos atestar que certos atos aceitos no passado (como a respiga) tornaram-se crimes (a recuperação dos resíduos industriais), uma vez que a história dos ilegalismos e das sanções é movediça. Qual é a causa dessas mudanças e como caracterizar o mundo da sanção hoje?

Foucault concebe que todas as sociedades em diferentes épocas se definem por uma economia geral dos ilegalismos. Ele procura ver que tipos de comportamento parecem transgressivos em um dado momento e como reagem as instâncias de controle em relação às diferentes categorias sociais. Ao compreender a economia geral dos ilegalismos, chegaríamos a compreender a ordem social de uma época e de uma sociedade. É notável que uma mudança radical tenha ocorrido no final do século XVIII com o advento do capitalismo e seu desenvolvimento industrial. Este mudou as relações de força e provocou a passagem de uma economia geral dos ilegalismos para outra. Com a ascensão da burguesia aos poderes político e econômico, desenvolveu-se uma vontade de reprimir formas de comportamentos transgressivos que eram relativamente tolerados sob o Antigo Regime por consentimento ou por padrão. No entanto, essa vontade não é estranha ao fato de que as riquezas (matérias-primas, meios de produção) pertencentes à classe dominante acabaram literalmente nas mãos das classes populares nos portos e nas fábricas. Ora, esses operários, não mais artesãos independentes, mas assalariados incapazes de jogar com as regras do comércio por causa de sua posição, eram *de fato* conduzidos aos ilegalismos de bens (furtos na fábrica, atos de predação). As novas sanções da época serão dirigidas contra esses ilegalismos assim que as leis e o sistema jurídico redefinirem o que deve ser reprimido e que os agentes de controle se interessarem por atos que afetem as riquezas dos dominantes.

A atenção dada em outra época às condutas indisciplinadas dos operários (alcoolismo, atividade sindical) passíveis de comprometer os lucros esperados sugere a necessidade de que os ilegalismos populares estejam em confronto com os interesses comerciais e políticos (furto, receptação, inadimplência, manifestação, greve) para serem sancionados. Muitos atos (dirigir embriagado, violência doméstica, porte de entorpecentes) são hoje sancionados sem que prejudiquem o funcionamento da economia ou do universo político. Estaria o campo da sanção agora marcado por uma sensibilidade para com as "incivilidades" ou sob o jugo de uma "sociedade policialesca" como parece pensar Foucault?

A noção de ilegalismo remete etimologicamente à lei, às relações com a norma legal e às formas legais de tratamento. Ora, há uma tensão em Foucault sobre esse assunto porque certos comportamentos (alcoolismo, preguiça operária) são tratados no nível infralegal. Encontramos em *Vigiar e punir* essa ideia de que existem comportamentos não rentáveis ou economicamente inúteis que serão qualificados de delinquentes e isolados pela penalidade. Não sendo tolerados, são sancionados, mas sobretudo objeto de tecnologias de poder disciplinar. Com efeito, o medo da burguesia não está centrado apenas nas condições de proteção da riqueza material armazenada nas fábricas e nos entrepostos. O perigo está também, e talvez principalmente, associado à dissipação da força de trabalho do operário pelo próprio operário. A atenção dada às condutas indisciplinadas visa circunscrever tanto quanto possível as manifestações da imoralidade da classe operária, como o alcoolismo, a preguiça ou a imprecisão, capazes de prejudicar a produtividade e, portanto, os lucros esperados. Preocupações mais diretamente políticas também estão em ação a fim de evitar qualquer levante popular capaz de provocar um novo ímpeto revolucionário que poderia desestabilizar os equilíbrios econômicos e sociopolíticos existentes.

Podemos conceber que práticas de maior vigilância e de sanção dos ilegalismos de bens ainda estejam em vigor nos espaços de produção globalizados. Além dessas, quais atividades podem ser sancionadas nas sociedades pós-industriais e como isso ocorre?

Existem três distinções relativas aos ilegalismos em Foucault. A primeira delas se refere aos atos estabelecidos em relação a um pertencimento de classe: os ilegalismos de direitos reservados às classes altas, as classes populares sendo, por sua posição, conduzidas para o lado dos ilegalismos de bens. A segunda se refere ao tipo de sanção: um tratamento penal é reservado aos atos dos primeiros, ao passo que os atos dos segundos terão uma variedade de tratamentos (penal, civil, administrativo). Por fim, a terceira se refere às instâncias e aos processos de sanção dos ilegalismos: os ilegalismos de bens são de competência da polícia, passam pelos tribunais e são sancionados com penas de prisão; enquanto os ilegalismos de direitos são sobretudo assunto de instâncias especializadas e muito mais raramente estão sujeitos a sanções penais. Ora, houve uma mudança fundamental em relação ao que Foucault escreveu vários anos atrás, quando estabeleceu uma dicotomia entre os ilegalismos em *Vigiar e punir* e *"Alternativas" à prisão*. De fato, embora a última distinção ainda seja atual, houve uma democratização das práticas dos ilegalismos de direitos. Estes não são mais privilégio estritamente das classes dominantes, pois podem ser praticados por todas as categorias da sociedade como testemunham os ilegalismos fiscais. Na verdade, hoje, o conjunto da população do Canadá e de Quebec tem condições de praticar ilegalismos fiscais, incluindo aqueles que não pagam impostos, mas que recebem benefícios sociais. Isso não significa, porém, que os ilegalismos fiscais praticados pelos indivíduos das classes populares e médias sejam os mesmos que os das classes dominantes ou que não haja mais diferenças de tratamento em relação a estes.

O que devemos entender por ilegalismos fiscais? Por definição, os ilegalismos do mundo dos negócios podem dificilmente passar para o lado da ilegalidade, pois são protegidos por políticas fiscais permissivas?

Os ilegalismos fiscais referem-se ao jogo com as regras fiscais. Ora, há uma distinção entre a fraude fiscal – que é um ato puramente criminoso; e a otimização fiscal relativa aos incentivos que respeitam a letra e o espírito da lei (isenção de impostos para doações, obra de caridade e filantropia). A evasão fiscal enquadra-se entre essas duas práticas fiscais. Esta última, sem vínculo com os incentivos reconhecidos, refere-se à subtração de dinheiro de impostos por intermédio de tributaristas que, encontrando lacunas na lei, portanto contra o espírito da lei, permitem suprimir um rendimento mesmo tentando ficar do lado certo da lei, portanto respeitando a letra da lei. A noção de ilegalismo permite refletir sobre a possibilidade de que todas as práticas de sonegação fiscal se situem tanto de um lado como do outro da lei. Assim, a expressão: "Que entre a fraude fiscal e a otimização fiscal existe um muro de prisão" merece discussão e o acréscimo de certas nuances na prática.

O interesse das observações de Foucault sobre o assunto reside no fato de que ele não sustenta que haveria um hipercontrole dos ilegalismos populares e uma proteção dos ilegalismos burgueses, mas sim que há uma gestão diferencial destes: uma diferença de tratamento que se apoia no aparato legal e em um sistema normativo. Sem dúvida, deve ficar claro que existem ilegalismos típicos e ilegalismos privilegiados. Ou seja, tipos de ilegalismos que só podem ser tratados em um único regime normativo. Um furto em um supermercado, por exemplo, será tratado no penal. Em contrapartida, existem ilegalismos que podem ser tratados em diferentes sistemas normativos. Uma fraude fiscal poderá ser sancionada com pena de prisão, mas também com uma sanção administrativa. Portanto, o desafio para as grandes empresas, como a Apple ou o Facebook, que praticam ilegalismos fiscais ou comercializam ilicitamente os dados pessoais, consiste sobretudo em evitar que sejam flagrados e em evitar, caso isso aconteça, que sejam tratados pelo sistema normativo mais punitivo. Uma sanção civil, uma medida administrativa, uma multa, a obrigação de realizar uma determinada operação (como o pagamento de uma taxa), embora significativas, não têm as mesmas implicações que uma sanção penal.

Nesses casos, a sanção não está à altura do ato recriminado.

Com efeito, recentemente, o banco HSBC foi sancionado nos Estados Unidos com uma multa de vários bilhões de dólares por não ter respeitado a legislação sobre o dinheiro sujo (lavagem de dinheiro do tráfico de drogas no México). Além de não cumprir a regulamentação de combate à lavagem de dinheiro, esse banco, por meio de uma de suas sucursais, foi acusado de ter participado de comportamentos criminosos. Como consequência, ele recebeu uma multa recorde que impressionou muito os observadores. Mas quando refletimos sobre isso, constatamos que essa multa é uma medida de compensação para evitar uma ação penal contra o CEO ou contra o próprio banco com o pretexto de que isso fragilizará o mercado financeiro. Estamos diante do argumento do *too big to fail*, até mesmo do *too big too jail*, e uma sanção que não engaja a responsabilidade dos dirigentes.

Com a noção de alta/baixa polícia, Jean-Paul Brodeur[36] lembra que existem distinções entre as forças policiais com diferentes mandatos e efetivos diferentes, mas também que a dificuldade de lutar com sucesso contra os grandes crimes levaria as autoridades a investir bem

---

36 BRODEUR, J.-P. High and Low Police: Remarks About the Policing of Political Activities. *Social Problems*, vol. 30, n. 5, 1983, p. 507-521.

mais em um tipo de polícia que responda imediatamente às necessidades dos cidadãos, reprimindo, por exemplo, a delinquência. Nessa perspectiva, podemos pensar que o tratamento diferencial dos ilegalismos está ligado às capacidades operatórias das forças policiais, e que a impunidade dos crimes do mundo dos negócios – crimes de colarinho branco – resulta de uma incapacidade de agir?

Sim e não. A baixa polícia é aquela que luta contra a delinquência dita "ordinária". A alta polícia cuida de tudo que possa afetar a segurança nacional, desestabilizar a ordem social e o Estado. J.-P. Brodeur aponta que a criminalidade de colarinho branco – a criminalidade do mundo dos negócios – pode colocar em perigo o bom funcionamento do Estado, assim como o terrorismo e, de fato, está longe de ser "ordinária". Sua distinção serve para evidenciar que há diferenças de mandatos, de práticas, de quadro normativo e de alvos entre os tipos de polícia, mas não para evidenciar que há distinções no seio da alta polícia em relação aos recursos que são atribuídos.

J.-P. Brodeur evidencia que a dificuldade de intervir de maneira eficaz contra certas formas de criminalidade afetará os investimentos e os efetivos policiais. Seria, a meu ver, mais pertinente investir em patrulhas de trânsito que podem ter um impacto direto na vida dos cidadãos do que em investigações de receptação de quadros. Será que uma razão prática subjacente capaz de favorecer por padrão os *crimes do mundo dos negócios seria subjacente ao tratamento dos ilegalismos?*

Existe uma dimensão tautológica no *policing*. Certas transgressões são mais fáceis de detectar, de processar e de sancionar. Portanto, seu controle se tornará uma prioridade. A luta contra o dinheiro sujo na Suíça é um bom exemplo. Nesse país, para lutar contra o dinheiro sujo, os bancos identificam as transações suspeitas e enviam informações que podem sustentar processos penais às autoridades especializadas. Para determinar ao que devem atribuir recursos, os investigadores analisaram as condenações por lavagem de dinheiro a fim de deduzir quais atividades ilícitas são as mais importantes. Descobriram que mais de 50% das condenações por lavagem de dinheiro estão ligadas ao tráfico de drogas. Como tive a oportunidade de trabalhar com dados extraídos da base de dados dos relatórios, verifiquei com um colega doutorando, ao contrário dos investigadores suíços, se a taxa de condenações ligada ao tráfico de entorpecentes correspondia às taxas e ao número de transações suspeitas denunciadas. Para nossa surpresa, percebemos que 50% das condenações por tráfico de drogas correspondiam a apenas 5% dos relatórios, mas também que os relatórios bem mais importantes ligados à corrupção tinham uma taxa de condenação próxima de zero. Essa discrepância resulta de um efeito tautológico: é mais fácil processar um traficante de drogas de Genebra do que provar que o dinheiro da corrupção está ligado às atividades de corrupção ocorridas no exterior, por falta de colaboração internacional.

Uma segunda dificuldade para agir contra a criminalidade do mundo dos negócios se deve ao fato de que ela se afasta da chamada delinquência ordinária ou do crime organizado, que, por fazer parte dos ilegalismos de bens, cai sob a responsabilidade da polícia. Os ilegalismos econômicos e a delinquência financeira são geralmente assunto de instâncias especializadas: administração tributária, agência contra a lavagem de dinheiro, unidades especiais (Unité permanente anticorruption [UPAC] e Environment Canadá no Canadá, Autorité des marchés financiers [AMF] na França). Elas vão detectar os casos, conduzir a investigação e decidir se irão recorrer à justiça. Ora, essas instâncias são caixas pretas – tomam decisões de acordo com uma lógica própria e nem sempre e em toda parte são independentes da política e de seus jogos de bloqueio. Este aspecto da divisão social do trabalho do controle dos crimes do mundo dos negócios e as diferenças de tratamento dos ilegalismos de direito pelas instâncias especializadas não é mencionado por J.-P. Brodeur.

No entanto, é importante lembrar que os trabalhos empíricos sobre o controle dos ilegalismos do mundo dos negócios indicam que este é menos "estratégico" do que se possa imaginar. Os trabalhos de Alexis Spire sobre o trabalho dos funcionários de Estado designados para a inspeção dos impostos que têm firmemente enraizado o interesse da igualdade de tratamento dos cidadãos, por exemplo, mostram de forma interessante que eles reproduzem – apesar do desejo de processar de maneira equitativa todas as formas de fraude fiscal, qualquer que seja a posição social dos atores – formas de iniquidade de tratamento. Não é que esses funcionários estejam envolvidos em complôs políticos, mas porque não podem, concretamente, por determinantes conjunturais, materiais ou estruturais realizar certas ações de vigilância e de controle. Com efeito, para detectar uma fraude de um desempregado contra o seguro-desemprego, basta cruzar as informações das bases de dados para verificar a sua renda. Em contrapartida, se quiserem verificar o cumprimento da legislação tributária sobre a fortuna, o acesso às bases dc dados é muito mais complicado, porque simplesmente não existem ou não estão conectadas entre elas. Além disso, as administrações tributárias tendem a privilegiar a negociação a fim de obter os valores não arrecadados. De fato, a negociação favorece os indivíduos pertencentes às classes altas com certa habilidade oratória por causa de sua educação e também por serem amparados por um exército de advogados tributários. Assim, além do peso dos privilégios políticos, verifica-se que, em muitos casos, uma série de determinantes favorecem a iniquidade de tratamento.

Foucault é um leitor de Rusche e Kirchheimer[37] que estabelecem uma correlação entre as penas e os regimes econômicos – por exemplo as condenações às galés para remediar a escassez de remadores sob o Antigo Regime, bem como as práticas antipobres (prisão dos endividados e dos desocupados, proibição de deslocamento) servindo para fazer trabalhar os indivíduos refratários à disciplina de uma fábrica que sustentam essa hipótese. Podemos manter seus argumentos para qualificar o horizonte penal atual?

Foucault concebe a existência de uma correlação entre tipos de penas e tipos de regime econômico, mas para além dessa correlação, ele insiste sobretudo, como faz Philippe Robert[38], na influência que os diferentes regimes políticos e a situação de desenvolvimento dos Estados teriam na sentença. A busca da obediência passa pela violência contra os corpos nos primórdios dos Estados modernos, quando estes carecem de legitimidade – os suplícios são indissociáveis de uma justiça soberana que busca assentar sua autoridade. Quando o Estado moderno adquire mais legitimidade sobre as populações e o território, as penas mudam. Então, os suplícios conti-

---

37 RUSCHE, G. & KIRCHHEIMER, O. *Peine et structure sociale, histoire et "théorie critique" du régime pénal.* Paris: du Cerf, 1994.

38 ROBERT, P. *La sociologie du crime.* Paris: La Découverte, 2005.

nuarão a existir ao lado de outros tipos de sanções mais contínuas e menos espetaculares. Na era do Estado liberal, em que a liberdade e o trabalho são considerados direitos fundamentais, as sanções estarão relacionadas à privação de liberdade (encarceramento) e ao trabalho forçado. Quando chega o Estado de bem-estar, as penas estarão ligadas às políticas sociais (programas de reabilitação, serviço comunitário). Na verdade, devemos lembrar que as sanções não estão apenas ligadas aos regimes econômicos, mas também aos tipos de Estados e de governos. A transformação da pena é correlativa, até mesmo causal, à transformação do Estado.

Poderíamos argumentar que as chamadas sanções "alternativas" estão ligadas ao regime econômico quando a obrigação de usar uma tornozeleira eletrônica está associada à de ter um emprego. A hipótese de Rusche e Kirchheimer ainda é válida hoje?

Quando refletimos sobre as características marcantes atuais, devemos reconhecer a centralidade da mobilidade – mobilidade social e mobilidade de transporte; como Z. Baumann aponta em sua noção de sociedade líquida com a qual sustenta que ela é um elemento central de discriminação entre as categorias sociais. Ora, observamos que as penas "alternativas" geralmente consistem em proibir deslocamentos e em controlar a circulação. Parece-me que este tipo de sanção está ligado ao regime econômico, pois vivemos em uma sociedade de fluxo que valoriza a circulação de mercadorias, de capitais e das pessoas.

Após sua leitura de Rusche e Kirchheimer, Foucault qualifica as sociedades a partir de tipos de penas: sociedades de banimento, de suplícios, de enclausuramento, de compensação moral ou econômica etc. Quais são as penas "hegemônicas" hoje e como poderíamos qualificar as sociedades contemporâneas?

Vários autores têm procurado qualificar nossa sociedade a fim de revelar o que somos: sociedade do risco (Beck), de controle (Deleuze), de vigilância e de hipervigilância (Lyon, Garland) de suspeita (Erricson), de exposição (Harcourt). Se tivéssemos de escolher uma noção-chave a partir das penas alternativas ao encarceramento, dos princípios de segurança e dos processos de controle dos fluxos, seríamos forçados a admitir, com a maioria desses autores, que a vigilância atua como um elemento comum e estruturante. Portanto, acredito que a noção de "capitalismo de vigilância" (*surveillance capitalism*) de Shoshana Zuboff, que reflete sobre as mudanças comportamentais operadas em uma perspectiva comercial a partir da aquisição dos dados pessoais pelos gigantes da economia digital, é adequada. Portanto, parece-me que a questão deveria ser: em que medida a amplificação da vigilância e da autovigilância transforma a natureza de nossas sociedades?

Em vez de qualificar as sociedades a partir dos tipos de sanções, poderíamos sem dúvida inverter a proposição e qualificá-las a partir dos ilegalismos tolerados baseando-se no exemplo das críticas pós-coloniais que apontam a colonização como um empreendimento de pilhagem e de trapaça. Isso nos levaria a refletir sobre as alterações do direito que servem para conservar práticas contestáveis ou transgressivas no seio da legalidade. Como, nessa perspectiva, poderíamos qualificar nossas sociedades?

Surge então um problema: como podemos distinguir os ilegalismos não sancionados que qualificariam nossa sociedade? Problema difícil de resolver, tanto mais que existe uma tensão entre as disposições jurídicas, a legalidade e a ilegalidade, como Pierre Lascoumes apontou depois de Foucault quando enfatizou a oposição estratégica existente entre ilegalismo e delinquência. Pois não é porque um ato foi sancionado que ele constitui uma delinquência. Para que seja reconhecido como tal, deve haver uma qualificação penal. Ora, existem vários casos em que tal qualificação penal nunca ocorre. Dito isso, para retomar o exemplo sobre a investigação das transações suspeitas na Suíça mencionada acima, acredito que vivemos em uma "sociedade das impunidades expostas", pois os ilegalismos do mundo dos negócios e fiscais, que antes estavam nas sombras, agora são conhecidos graças às investigações, às grandes revelações jornalísticas e aos *leaks* (*Wikileak, Swissleak, Panama Papers*). A exposição contemporânea dos dados não poupa as elites delinquentes. No entanto, essa exposição que produz escândalos raramente se traduz em qualificações penais. Acredito que a noção de impunidade exposta, que estamos trabalhando com meu colega Jean Bérard, é interessante, pois ela evoca duas dimensões marcantes de nossa atualidade: as operações de vigilância e um tratamento diferencial dos ilegalismos.

CULTURAL

Administração
Antropologia
Biografias
Comunicação
Dinâmicas e Jogos
Ecologia e Meio Ambiente
Educação e Pedagogia
Filosofia
História
Letras e Literatura
Obras de referência
Política
Psicologia
Saúde e Nutrição
Serviço Social e Trabalho
Sociologia

CATEQUÉTICO PASTORAL

Catequese
  Geral
  Crisma
  Primeira Eucaristia

Pastoral
  Geral
  Sacramental
  Familiar
  Social
  Ensino Religioso Escolar

TEOLÓGICO ESPIRITUAL

Biografias
Devocionários
Espiritualidade e Mística
Espiritualidade Mariana
Franciscanismo
Autoconhecimento
Liturgia
Obras de referência
Sagrada Escritura e Livros Apócrifos

Teologia
  Bíblica
  Histórica
  Prática
  Sistemática

REVISTAS

Concilium
Estudos Bíblicos
Grande Sinal
REB (Revista Eclesiástica Brasileira)

VOZES NOBILIS

Uma linha editorial especial, com importantes autores, alto valor agregado e qualidade superior.

VOZES DE BOLSO

Obras clássicas de Ciências Humanas em formato de bolso.

PRODUTOS SAZONAIS

Folhinha do Sagrado Coração de Jesus
Calendário de mesa do Sagrado Coração de Jesus
Almanaque Santo Antônio
Agendinha
Diário Vozes
Meditações para o dia a dia
Encontro diário com Deus
Guia Litúrgico

CADASTRE-SE
www.vozes.com.br

EDITORA VOZES LTDA.
Rua Frei Luís, 100 – Centro – Cep 25689-900 – Petrópolis, RJ
Tel.: (24) 2233-9000 – Fax: (24) 2231-4676 – E-mail: vendas@vozes.com.br

UNIDADES NO BRASIL: Belo Horizonte, MG – Brasília, DF – Campinas, SP – Cuiabá, MT
Curitiba, PR – Fortaleza, CE – Juiz de Fora, MG – Petrópolis, RJ – Recife, PE – São Paulo, SP